ROLAND WERNER



# WEIHNACHTEN
## IST MEHR

**SCM**

Stiftung Christliche Medien



1. Auflage 2011 (3. Gesamtauflage)


71088 Holzgerlingen
Internet: www.scm-haenssler.de; E-Mail: info@scm-haenssler.de



Gesamtgestaltung: OHA Werbeagentur GmbH, Grabs; www.oha-werbeagentur.ch
Covermotiv: entworfen von Kathrin Retter und der OHA Werbeagentur GmbH unter Verwendung von Bildern von: fotolia.com; shutterstock.com
Illustrationen im Innenteil: shutterstock.com; istockphoto.com
Druck und Bindung: Druckerei Steinmeier, Deiningen
Gedruckt in Deutschland in ökologischem Druckverfahren
ISBN 978-3-7751-5343-0
Bestell-Nr. 395.343

# Inhalt

# Alle Jahre wieder …

## Das Fest der Feste entdecken

» *Morgen, Kinder, wird's was geben!*
*Morgen werden wir uns freu'n*
*Welch ein Jubel, welch ein Leben*
*Wird in unserm Hause sein!*
*Einmal werden wir noch wach,*
*Heißa, dann ist Weihnachtstag!* «
Philipp Bartsch (1770–1833)

**Alle Jahre wieder – Weihnachten.**
Weihnachten – das Fest der Lichter.

Weihnachten – das Fest der Familie.

Weihnachten – das Fest der Erinnerungen.

Kaum eine Jahreszeit bringt so viele Gefühle hervor wie das Weihnachtsfest.

Doch ist das alles? Sind Kinderromantik und Familienidylle das Wesentliche an Weihnachten?

Kerzen, Glöckchen, Duft von Lebkuchen, gebratenen Äpfeln und Glühwein auf dem Weihnachtsmarkt, altbekannte Melodien und Krippenspiele, Geschenkideen und Kaufrekorde – ist das alles?

**Alle Jahre wieder – immer dasselbe?**
Manche entwickeln sich zu Weihnachtsverweigerern. Doch das, was sie ablehnen, ist meistens nicht das Eigentliche und Wesentliche an Weihnachten.

Kerzen, Kekse und Konsum, Lametta und Lichter sind, wenn überhaupt, ein Abglanz, eine späte Reaktion auf das, was beim wirklichen Weihnachten geschah.

Vieles, was heute unter »Weihnachten« läuft, verdeckt leider wirklich den Blick auf das Wesentliche.

Die Kritik an dem, wozu Weihnachten geworden ist, ist verständlich und notwendig. Denn sie hilft uns, von der Verpackung zum Inhalt, vom Unwesentlichen auf das Wesentliche zu kommen.

Und das ist dann mehr als bewegend. Denn Weihnachten ist mehr.

Was Weihnachten eigentlich ist und bedeutet, dem soll dieses kleine Buch nachspüren.

**Alle Jahre wieder – feiern wir Weihnachten.**
**Mit gutem Grund.**
Um den zu entdecken, müssen wir uns auf den Weg machen und etwas genauer hinschauen.
Weihnachten ist eine Reise wert. Alle Jahre wieder

Auf diese Entdeckungsreise haben sich damals die Weisen aus dem Orient gemacht. Sie suchten den Grund für Weihnachten. Und wurden schließlich fündig. Auch heute machen sich weise Menschen auf die Suche, genauso wie sie damals.

Also: Einladung zur Entdeckungsreise! Ich lade Sie herzlich zu dieser gemeinsamen Reise zum wahren Weihnachtsfest ein.

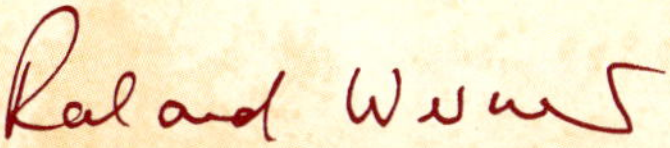

# 1

# Fragen, Fakten und Folgen

# Was ist dran an Weihnachten?

Die Weihnachtsgeschichte gehört zu den bekanntesten Abschnitten der Bibel. Wer am Heiligabend in die Kirche geht – und das sind immerhin viele Millionen Besucher, mehr als an jedem anderen Tag des Jahres –, hat sicher die unvergesslichen Worte im Ohr:

»Es begab sich aber zu der Zeit, dass ein Gebot von dem Kaiser Augustus ausging, dass alle Welt geschätzt würde. Und diese Schätzung war die allererste … und sie gebar ihren ersten Sohn und wickelte ihn in Windeln und legte ihn in eine Krippe.« Die Worte aus der Weihnachtsgeschichte.

*Es begab sich aber zu der Zeit, dass ein Gebot von dem Kaiser Augustus ausging, dass alle Welt geschätzt würde. Und diese Schätzung war die allererste und geschah zur Zeit, da Quirinius Statthalter in Syrien war. Und jedermann ging, dass er sich schätzen ließe, ein jeder in seine Stadt.*

*Da machte sich auf auch Josef aus Galiläa, aus der Stadt Nazareth, in das jüdische Land zur Stadt Davids, die da heißt Bethlehem, weil er aus dem Hause und Geschlechte Davids war, damit er sich schätzen ließe mit Maria, seinem vertrauten Weibe; die war schwanger. Und als sie dort waren, kam die Zeit, dass sie gebären sollte. Und sie gebar ihren ersten Sohn und wickelte ihn in Windeln und legte ihn in eine Krippe; denn sie hatten sonst keinen Raum in der Herberge.*

*Und es waren Hirten in derselben Gegend auf dem Felde bei den Hürden, die hüteten des Nachts ihre Herde. Und der Engel des Herrn trat zu ihnen, und die Klarheit des Herrn leuchtete um sie; und sie fürchteten sich sehr. Und der Engel sprach zu ihnen: Fürchtet euch nicht! Siehe, ich verkündige euch große Freude, die allem Volk widerfahren wird; denn euch ist heute der Heiland geboren, welcher ist Christus, der Herr, in der Stadt Davids. Und das habt zum Zeichen: Ihr werdet finden das Kind in Windeln gewickelt und in einer Krippe liegen. Und alsbald war da bei dem Engel die Menge der himmlischen Heerscharen, die lobten Gott und sprachen: Ehre sei Gott in der Höhe und Friede auf Erden bei den Menschen seines Wohlgefallens.*

*Und als die Engel von ihnen gen Himmel fuhren, sprachen die Hirten untereinander: Lasst uns nun gehen nach Bethlehem und die Geschichte sehen, die da geschehen ist, die uns der Herr kundgetan hat. Und sie kamen eilend und fanden beide, Maria und Josef, dazu das Kind in der Krippe liegen. Als sie es aber gesehen hatten, breiteten sie das Wort aus, das zu ihnen von diesem Kinde gesagt war. Und alle, vor die es kam, wunderten sich über das, was ihnen die Hirten gesagt hatten. Maria aber behielt alle diese Worte und bewegte sie in ihrem Herzen. Und die Hirten kehrten wieder um, priesen und lobten Gott für alles, was sie gehört und gesehen hatten, wie denn zu ihnen gesagt war.* «

*(Lukas 2,1–20)*

Aufgeschrieben hat sie ein Mann namens Lukas, ein griechischer Arzt, der eine der vier Lebensbeschreibungen von Jesus verfasst hat, die wir klassischerweise »Evangelium« nennen. Dieses latinisierte Wort kommt vom griechischen *euangelion,* welches einfach »gute Nachricht« bedeutet.

Im ersten Jahrhundert unserer Zeitrechnung wurde es meist verwendet, um einen Erlass des römischen Kaisers zu bezeichnen, der für den gesamten »orbus romanus«, den ganzen römischen Weltkreis galt. Ob die Erlasse, die als »gute Nachricht« bezeichnet wurden, wirklich für alle eine positive Botschaft, ein »Evangelium« enthielten, steht auf einem anderen Blatt.

Auf jeden Fall übernahmen die Verfasser der Lebensbeschreibungen dieses Wort, allen voran Markus, der sein Buch mit den Worten einleitet:

*»Dies ist der Anfang des Evangeliums von Jesus Christus, dem Sohn Gottes.«*
*(Markus 1,1)*

Neben Markus haben noch Matthäus, ein ehemaliger Steuereintreiber im Dienst der römischen Regierung, Johannes, der Lieblingsjünger von Jesus, und eben Lukas solch ein »Evangelium«, eine Lebensbeschreibung von Jesus verfasst. Von Lukas stammt die Weihnachtsgeschichte. Und im Matthäusevangelium finden wir einige weitere wichtige Nachrichten über die Umstände der Geburt des Mannes, die so bedeutend war, dass sie uns unsere Zeitrechnung bescherte: »nach Christus«, genauer gesagt »nach Christi Geburt«. Doch zuerst zu Lukas, dem Verfasser der Weihnachtsgeschichte.

## Was wissen wir über Lukas?

Lukas war ein griechischer Arzt, also ein gebildeter Mann, der sich dem Apostel Paulus auf dessen zweiter Missionsreise anschloss und große Teile dieser und folgender Reisen miterlebte.[1] Nach Aussage der Kirchenväter Irenäus, Eusebius und Hieronymus stammte er aus Antiochia in Syrien.

Lukas schrieb als Anschlussbuch an sein Evangelium die sogenannte Apostelgeschichte, das Werk, das uns Einblick in die Geschichte der ersten Christen in den Jahrzehnten nach Jesus gibt.

Lukas reiste Ende der Fünfzigerjahre des ersten Jahrhunderts mit Paulus nach Jerusalem und hatte dort Gelegenheit, die Mitglieder der Urgemeinde zu befragen, die dort noch wohnten, gut 25 Jahre nach dem Tod und der Auferstehung von Jesus. Es ist also nicht überraschend, dass er viele Einzelheiten in seinem Evangelium festhält, die die anderen Evangelienschreiber so nicht

*1 Vgl. Kolosserbrief 4,14, wo Paulus ihn als »geliebten Arzt« bezeichnet, und 2. Timotheus 4,11, wo er berichtet, dass Lukas im Gefängnis bei ihm ist, und Philemon 24, wo er ihn unter seinen Mitarbeitern aufführt.*

bringen. So hat er die Ereignisse vor und um die Geburt von Jesus ausführlich niedergeschrieben. Seine Informationen bezog er, wie gesagt, von den Mitgliedern der Urgemeinde. Unter ihnen war der Halbbruder von Jesus, Jakobus, der inzwischen zum Gemeindeleiter in Jerusalem geworden war.[2] Auch erhielt Lukas genauere Informationen über die Geburt von Jesus möglicherweise von Maria, der Mutter von Jesus, selbst. Denn wahrscheinlich lebte sie zu diesem Zeitpunkt noch in Jerusalem. Darauf kann sein mehrfacher Hinweis deuten: *»Und Maria behielt alle diese Worte in ihrem Herzen« (Lukas 2,19 und Lukas 2,51).* Mit dieser Formulierung will Lukas die Augenzeugin nennen, von der er die Einzelheiten der Weihnachtsereignisse erfahren hat.

Sollte aber Maria zu diesem Zeitpunkt nicht mehr gelebt haben, was jedoch unwahrscheinlich ist, da sie einer alten Tradition nach noch im hohen Alter mit Johannes nach Ephesus umgesiedelt war, so hätte auf jeden Fall Jakobus, der Bruder von Jesus, als Informant für

*2 (Apostelgeschichte 15,13, Galater 1,19, Markus 6,3, Matthäus 13,55) Er wurde auch »Jakobus der Gerechte« genannt und wird auch von einem anderen Zeitzeugen außerhalb des Neuen Testaments erwähnt, nämlich vom jüdischen Schriftsteller Josephus Flavius, der ihn als Bruder von Jesus bezeichnet und berichtet, dass er ca. 62 n. Chr. vom Hohen Priester Anan ben Anan verurteilt und gesteinigt wurde: »Er versammelte daher den hohen Rat zum Gericht und stellte vor dasselbe den Bruder des Jesus, der Christus genannt wird, mit Namen Jakobus, sowie noch einige andere, die er der Gesetzesübertretung anklagte und zur Steinigung führen ließ.« Das bestätigt auch Eusebius von Cäsaräa in seiner Kirchengeschichte (II, 23).*

Lukas zur Verfügung gestanden. Über Jakobus erfahren wir übrigens nicht nur im Neuen Testament etwas. Auch der große jüdische Geschichtsschreiber Josephus Flavius erwähnt ihn als Bruder von Jesus.[3] Jakobus war also eine bekannte und auch unter den Juden, die nicht an Jesus als Messias glaubten, geschätzte Persönlichkeit. So ist Lukas mit seinem Evangelium – und damit auch mit der Weihnachtsgeschichte – auf sicherem historischem Boden.

## Schöne Geschichten oder wahre Geschichte?

Aber wollte Lukas eigentlich geschichtliche Informationen geben? Oder wollte er nur eine schöne, wohlklingende Geschichte erzählen, die sich dazu eignen sollte, Jahrhunderte später in gemütlicher Runde vor dem Tannenbaum vorgelesen zu werden? Wie hat er sein Evangelium verstanden – als nette, erbauliche Geschichte oder als ernst zu nehmenden Bericht?

In der Weihnachtsgeschichte selbst beantwortet Lukas die Frage eindeutig. Er führt mehrere Daten aus der allgemeinen Geschichte an, die entsprechend den Datierungsmethoden der damaligen Zeit angeben, in welchem Jahr sich die von ihm berichteten Vorgänge ereigneten. Er erwähnt den römischen Kaiser Augustus, der

3 *Flavius Josephus, Jüdische Altertümer XX,9.1*

von 27 v. Chr. bis 14 n. Chr. regierte. Er nennt zweitens Quirinius, der als Oberbefehlshaber der in Syrien stationierten Legionen des römischen Heeres (11–7 v. Chr.) automatisch auch Gouverneur in der Provinz Syrien war.

So platziert er die Geburt von Jesus in einen geschichtlichen Zusammenhang, der den damaligen Lesern sofort einleuchtend war, uns aber aufgrund unserer Unwissenheit über viele Einzelheiten der römischen Geschichte manche Probleme aufwirft. Doch ist die Absicht von Lukas eindeutig, genaue und verlässliche Informationen zu liefern, gerade auch in der Weihnachtsgeschichte. Darauf weist auch die Einleitung des Evangeliums hin, in der Lukas ausführlich darlegt, was sein Ziel bei der Niederschrift und seine Vorgehensweise beim Sammeln der Informationen sowie seine Darstellungsweise waren:

» *Hochverehrter Theophilus! Nachdem jetzt schon viele Personen sich darin versucht haben, einen Bericht zusammenzustellen von den Dingen, die sich in unserer Mitte ereignet haben – und das aufgrund der Aussagen derjenigen, die selbst Augenzeugen waren und sich dann der Aufgabe gewidmet haben, diese Botschaft weiterzugeben –, habe auch ich es für gut erachtet, es für dich der Reihe nach aufzuschreiben, nachdem ich alles ganz genau von seinem Anfang an untersucht habe, damit du die Zuverlässigkeit der Berichte und Aussagen erkennst, in denen du unterrichtet worden bist.* «

*(Lukas 1,1–4, dasbuch)*

Lukas hat also genau recherchiert, hat sich unter anderem Informationen bei Augenzeugen geholt, hat die anderen, die schon geschrieben haben, auch zu Rate gezogen – das waren vor allem Matthäus und Markus – und dann sein Evangelium geschrieben.

Das geschah nach jetziger Erkenntnis in der Mitte der Sechzigerjahre des ersten Jahrhunderts, wahrscheinlich in Rom, wo er als Begleiter des gefangenen Paulus auf dessen Verhör vor dem Kaiser Nero wartete.

Markus war zu diesem Zeitpunkt ebenfalls in Rom und schrieb an seinem Evangelium, und vom Evangelium des Matthäus lag wohl eine erste Version in hebräischer Sprache vor, wie neuere Forschungen ergeben haben und wie auch der Kirchenvater Papias von Hierapolis (geboren um 70 n. Chr., gestorben um 140 n. Chr.) in seinem kurzen Abschnitt über die Entstehung der Evangelien berichtet.[4]

Lukas wollte also eine genaue, zeitlich geordnete Darstellung des Lebens, Sterbens und der Auferstehung von Jesus schreiben. Er war in direktem Kontakt mit vielen Augenzeugen, mit den Aposteln und mit Mitgliedern der leiblichen Familie von Jesus. So gibt es also keinen Grund, an der Zuverlässigkeit seiner Darstellung zu zweifeln, zumal es sein erklärtes Ziel war, so genau wie möglich zu berichten.

*4 »Matthäus hat in hebräischer Sprache die Reden zusammengestellt; ein jeder aber übersetzte dieselben, so gut er konnte.« (Papias, zitiert von Eusebius, Kirchengeschichte III, 39, 16)*

Eine ebenso genaue Vorgehensweise sehen wir bei seinem zweiten Buch, der Apostelgeschichte. Auch hier hat er gründlich recherchiert und viele Einzelheiten überliefert, die auch für Erforscher der römischen Geschichte von großer Bedeutung sind. Insgesamt muss man sagen, dass die Evangelien die am besten überlieferten Bücher der Antike sind.

Entgegen mancher populärer Meinung bildet das Neue Testament eine hervorragende geschichtliche Quelle. Und die auch heute noch gemachten archäologischen Funde unterstreichen immer wieder neu den alten Satz: »Und die Bibel hat doch recht.«[5]

## Weihnachten: Fakten und offene Fragen

Was ist also dran an Weihnachten? Was können wir mit Gewissheit über die Ereignisse um die Geburt von Jesus Christus sagen? Ziemlich viel! Fest steht, dass Jesus zur Zeit von Herodes dem Großen geboren wurde, dass seine Mutter Mirjam hieß – in griechischer Sprache Maria – und ihr Mann den Namen Josef trug. Fest steht auch, dass beide Nachkommen von David, dem großen König von Israel, waren.

*5 Vgl. dazu auch Roland Werner und Guido Baltes: »Faszination Jesus – was wir wirklich über Jesus wissen können.« 3. Auflage, Brunnen Verlag 2005*

Sie wohnten in einem kleinen Dorf oben auf den Hügeln von Galiläa, das den Namen Nazareth trug und eine Siedlung von Nachfahren Davids war. Das unterstreicht auch der Name des Ortes. Denn Nazareth bedeutet »Sprossort«, also der Ort, an dem ein »Spross« oder Nachfahre wohnt, in Anlehnung an die Voraussage im Alten Testament, im Propheten Jesaja (11,1): *»Ein Spross (hebräisch* nezer*) soll aufgehen aus der Wurzel von Isai.«* Isai ist der Vater des Königs David (Rut 4,22; 1. Samuel 16).

Da der Geburtsort von David, ihrem Vorfahren, aber Bethlehem war, entschieden sich Maria und Josef aufgrund der angeordneten Volkszählung, dorthin zu reisen, sich dort registrieren zu lassen und so ihre Abstammung von David zu unterstreichen. Dort wurde Jesus geboren. Das bestätigt neben Lukas auch Matthäus, der von dem Besuch der weisen Männer aus dem Orient berichtet, die zuerst in Jerusalem nach dem neugeborenen König suchten und dann schließlich Jesus in Bethlehem fanden (Matthäus 2,1 ff.).

## Wann wurde Jesus eigentlich geboren?

Bislang haben wir das angeschaut, was wir sicher wissen. Doch jetzt geht es los mit manchen Unsicherheiten. Denn niemand weiß das genaue Geburtsdatum von Jesus. War es die Nacht vom 24. auf den 25. Dezember, wo die westliche Christenheit ansetzt? War es die

Nacht vom 6. auf den 7. Januar, in der die orientalischen Kirchen die Geburt von Jesus feiern? War es ein völlig anderer Tag?

Und in welchem Jahr ist Jesus eigentlich geboren worden? Wenn wir Matthäus glauben, muss Herodes der Große noch gelebt haben, da er die weisen Besucher aus dem Osten empfing, sie nach Bethlehem sandte und dann schließlich ein Blutbad unter den neugeborenen Kindern dort anrichten ließ. Das passt zu seinem gewalttätigen und blutrünstigen Charakter und vielen anderen ähnlichen Handlungen, von denen Josephus Flavius berichtet.

Da Herodes der Große im Jahr 4 vor Christus starb, muss Jesus also vorher geboren worden sein. Übrigens wurde die »christliche« Zeitrechnung von einem Mönch namens Dyonisius Exiguus (geb. ca. 470 n. Chr., gest. ca. 540 n. Chr.) um 525 n. Chr. entwickelt. Er machte sich die Mühe, den damals gebräuchlichen julianischen Kalender und den diokletianischen Kalender umzurechnen, eine große Leistung. Dennoch unterlief ihm mancher Fehler, und er setzte das Jahr der Geburt von Jesus zu spät an, sodass Jesus in unserer Zeitrechnung seltsamerweise einige Jahre »vor Christus« geboren wurde. So ist das wahrscheinlichste Datum für die Geburt von Jesus das Jahr 6 »vor Christus«, aber auch das Jahr 7 »vor Christus« ist möglich.

Das bedeutet, dass Jesus bei seiner Kreuzigung, die höchstwahrscheinlich am 26. April des Jahres 30 (nach Christus) stattfand, um die 36 Jahre alt war.

Doch damit sind wir weit nach vorn geeilt. Wir kehren zurück zur Weihnachtsgeschichte, und zwar nach Bethlehem.

## Bethlehem – der Ort des Geschehens

Was ist so besonders an Bethlehem? Und wo liegt dieser Ort eigentlich? Die zweite Frage lässt sich schnell beantworten. Bethlehem liegt ungefähr fünf Kilometer südöstlich von Jerusalem im steinigen Hügelland von Judäa. Der Ort ist seit alters her bewohnt. Sein hebräischer Name *Beth Lechem* bedeutet »Haus des Brotes«. Bethlehem gehörte zum Siedlungsgebiet des Stammes Juda, eines der zwölf Stämme des Volkes Israel. Hier siedelte die Familie, aus der der spätere König David stammt. Schon im Buch Rut spielt Bethlehem eine wichtige Rolle. Hier fand die aus dem benachbarten Moab stammende Rut, die Schwiegertochter der Naomi, die nach dem Tod ihres Mannes bei der Schwiegermutter blieb und mit ihr aus ihrer Heimat nach Judäa zog, ihren zweiten Mann Boas. Davon berichtet im Alten Testament vor allem das Buch Rut. Und aus dieser Verbindung entstammte in zweiter Generation schließlich Isai, der Vater Davids.

Durch David erlangte der kleine Ort nationale Bedeutung. David war der größte König Israels. Er einte die Stämme, wählte Jerusalem als Hauptstadt und befahl seinem Sohn Salomo, dort einen Tempel für Gott zu bauen. Ihm wurde verheißen, dass aus seinen Nachfahren ein Mann geboren werden sollte, dessen Königtum ewig bestehen bleiben wird. Dass dieser größere Sohn des großen Königs David nicht Salomo selbst war, zeigt der weltweite Horizont der Verheißung:

*Und nun künde ich dir an, dass der Herr dir ein Haus bauen wird. Denn wenn du stirbst, werde ich einen deiner Nachkommen als deinen Nachfolger einsetzen und werde sein Königtum festigen. Er wird dann für mich ein Haus bauen. Und ich werde seiner Herrschaft für immer Bestand geben. Ich will sein Vater sein und er soll mein Sohn sein. Ich will ihm meine Gnade nie entziehen, wie ich sie deinem Vorgänger entzogen habe. Ich werde ihn für alle Zeit über mein Königshaus und mein Königreich setzen und sein Thron wird für immer feststehen.*

*(1. Chronik 17,10b–14, Neues Leben Bibel)*

Diese Aussage geht weit über das hinaus, was sich im Leben von Salomo selbst verwirklichte.

Bethlehem erscheint auch in den Voraussagen des Propheten Micha:

*»Und du, Bethlehem Efrata, die du klein bist unter den Städten in Juda, aus dir soll mir der kommen, der in Israel Herr sei, dessen Ausgang von Anfang und von Ewigkeit her gewesen ist … Und er wird der Friede sein.«*

*(Micha 5,1.4)*

Diese Voraussage ist der Grund dafür, dass die Weisen aus dem Orient von Herodes dem Großen nach Bethlehem geschickt wurden.

## Was Matthäus berichtet

Neben der Weihnachtsgeschichte von Lukas gibt auch Matthäus, der ehemalige Zollbeamte Levi, einen Bericht in seinem Evangelium. Er bestätigt das von Lukas Berichtete und fügt einige Einzelheiten hinzu. Zuerst beschreibt er die Ereignisse vor der Geburt von Jesus. Dabei liegt sein Augenmerk auf Josef, dem Verlobten und späteren Ehemann von Maria.

» *Und so wurde Jesus Christus geboren. Maria, seine Mutter, war mit Josef verlobt. Aber noch vor ihrer Hochzeit wurde sie, die noch Jungfrau war, schwanger durch den Heiligen Geist. Josef, ihr Verlobter, war ein aufrechter Mann. Um sie nicht der öffentlichen Schande preiszugeben, beschloss er, die Verlobung in aller Stille zu lösen. Während er noch darüber nachdachte, erschien ihm im Traum ein Engel des Herrn. »Josef, Sohn Davids«, sagte der Engel, »zögere nicht, Maria zu heiraten. Denn das Kind, das sie erwartet, ist vom Heiligen Geist. Sie wird einen Sohn zur Welt bringen. Du sollst ihm den Namen Jesus geben, denn er wird sein Volk von allen Sünden befreien.« All das geschah, damit sich erfüllt, was Gott durch seinen Propheten angekündigt hat:*

*»Seht! Die Jungfrau wird ein Kind erwarten! Sie wird einem Sohn das Leben schenken, und er wird Immanuel genannt werden. Das heißt, Gott ist mit uns.«*

*Als Josef aufwachte, tat er, was der Engel des Herrn ihm gesagt hatte. Er nahm Maria zur Frau. Josef aber rührte sie nicht an, bis ihr Sohn geboren war. Und Josef gab ihm den Namen Jesus.* «

*(Matthäus 1,18–25, Neues Leben Bibel)*

In dieser Darstellung von Matthäus findet sich nichts, was dem Bericht von Lukas widerspricht. Doch gibt sie wichtige zusätzliche Informationen. Denn nicht nur Maria empfing eine Botschaft von einem Engel – wie Lukas berichtet. Auch Josef wurde vorbereitet auf das, was kommen sollte. Zu ihm spricht der »Engel des Herrn«, auch wiederum ein besonderer Engel, von dem schon im Alten Testament häufig die Rede ist.

Josef hört, dass Maria ein Kind zur Welt bringen wird, das direkt vom Heiligen Geist in ihr gezeugt ist. Er erfährt den Namen, den er dem Kind geben soll, und die Bedeutung dieses Namens. Und er hört, dass das, was geschehen soll, die Erfüllung von Voraussagen sein wird, die Hunderte von Jahren zuvor dem Propheten Jesaja gegeben worden waren.

# Die weisen Männer aus dem Osten

Im folgenden Abschnitt beschreibt Matthäus, was nach der Geburt von Jesus auch noch geschah, und gibt damit Informationen, die Lukas ausgelassen hatte:

» *Jesus wurde in der Stadt Bethlehem in Judäa, während der Herrschaft von König Herodes, geboren. In dieser Zeit kamen einige Sterndeuter aus einem Land im Osten nach Jerusalem und fragten überall: »Wo ist der neugeborene König der Juden? Wir haben seinen Stern aufgehen sehen und sind gekommen, um ihn anzubeten.«* «
*(Matthäus 2,1–2, Neues Leben Bibel)*

Diese »Sterndeuter« – andere Bibelübersetzungen nennen sie die »Weisen« – aus dem Osten werden ansonsten in der Bibel nicht mehr erwähnt. Wer sie waren und woher sie genau kamen, ist unbekannt. »Morgenland« ist die Übersetzung von *anatolä,* also »Aufgang« der Sonne. Vom Heiligen Land aus gesehen lag das »Morgenland« in Mesopotamien. Dort im Land zwischen Euphrat und Tigris war schon seit Menschengedenken ein Zentrum der Sternkunde und der Sterndeuterei. Das alte hebräische Wort für Babylonier, *chasdim* – »Chaldäer«, bedeutete gleichzeitig Sterndeuter, Astrologen, Magier. So ist das griechische Wort hier bei Matthäus *magoi,* wörtlich »Magier«. Diese »Weisen« gehörten also einer anderen Kultur und Religion an. Und dennoch machten sie sich auf den Weg, das Kind zu suchen und zu finden, von dessen Geburt sie aufgrund ihrer Sterndeutekunst überzeugt waren. Der Stern von Bethlehem war für sie Orientierungspunkt und Ansporn, ihre Heimat zu verlassen und sich auf den Weg zum neugeborenen König der Juden zu machen, von dem sie vielleicht ahnten, dass er eine Bedeutung für die ganze Welt hatte.

## Aufruhr in Jerusalem

Matthäus berichtet jetzt weiter von der Reaktion von Herodes dem Großen. Was er beschreibt, passt ganz zum Charakter dieses grausamen Herrschers, der uns so auch von dem jüdischen Historiker Josephus Flavius überliefert wurde.

*Ihre Frage versetzte Herodes in große Unruhe, und alle Einwohner Jerusalems mit ihm. Er berief eine Versammlung der obersten Priester und Schriftgelehrten ein. »Wo soll denn der Christus nach Aussage der Propheten zur Welt kommen?«, fragte er sie.*

*»In Bethlehem«, sagten sie, »denn der Prophet hat geschrieben:*

*›O Bethlehem in Judäa, du bist alles andere als ein unbedeutendes Dorf, denn ein Herrscher wird aus dir hervorgehen, der wie ein Hirte mein Volk Israel führen wird.‹«*

*Daraufhin sandte Herodes eine geheime Botschaft an die Sterndeuter und bat sie zu sich. Bei dieser Zusammenkunft erfuhr er den genauen Zeitpunkt, an dem sie den Stern zum ersten Mal gesehen hatten. Er sagte zu ihnen: »Geht nach Bethlehem und sucht das Kind. Wenn ihr es gefunden habt, kommt wieder her und erzählt es mir, damit ich auch hingehen kann, um es anzubeten!«*

*Nach diesem Gespräch machten die Sterndeuter sich auf den Weg. Wieder erschien ihnen der Stern und führte sie nach Bethlehem. Er zog ihnen voran und blieb über dem Ort stehen, wo das Kind war.* «

*(Matthäus 2,3–9, Neues Leben Bibel)*

Das Kommen der Weisen versetzt also die politische und religiöse Führungsschicht in Jerusalem in Aufregung. In dieser wunderbaren Geschichte bekleiden der mächtige Herodes und die angesehenen Schriftgelehrten nur Nebenrollen, während die fremden Reisenden die Haupthandlung voranbringen und schließlich bei dem landen, der die Hauptperson ist.

## Der Stern von Bethlehem

» *Nach diesem Gespräch machten die Sterndeuter sich auf den Weg. Wieder erschien ihnen der Stern und führte sie nach Bethlehem. Er zog ihnen voran und blieb über dem Ort stehen, wo das Kind war.* «

*(Matthäus 2,9, Neues Leben Bibel)*

Der »Stern von Bethlehem« hat immer wieder Anlass zu Spekulationen gegeben. Was war das für ein Stern, der diese Männer dazu bewog, ihre Heimat zu verlassen und die weite Reise nach Judäa anzutreten? Manche vermuten einen hellen Kometen mit Schweif, wie er auch auf vielen Weihnachtsbildern dargestellt ist. Andere gehen von einer Supernova aus. Wieder andere denken an eine »Konjunktion«, also die optisch sehr nahe Stellung der Planeten Saturn und Jupiter im Jahr 7 v. Chr. Wieder andere meinen, es wäre das Erscheinen von Jupiter im Sternbild Widder, welches für Judäa stand.

Endgültig können wir diese Frage nicht lösen. Wir wissen aber, dass für diese Männer feststand, dass etwas ganz Außergewöhnliches stattgefunden hatte.

## Die Anbetung der Weisen

» *Als sie ihn erblickten, waren sie außer sich vor Freude. Sie gingen in die Behausung hinein und fanden das Kind bei seiner Mutter Maria. Sie fielen voller Ehrerbietung nieder und öffneten ihre Schatzkisten. Die Geschenke, die sie vor dem Kind niederlegten, waren Gold, Weihrauch und Myrrhe.* « *(Matthäus 2,10–11, dasbuch)*

Die Szene dieser Anbetung der Weisen ist in der Kunst immer wieder dargestellt worden. Sie zeigt, dass Jesus, der Messias des jüdischen Volkes, gleichzeitig die Erfüllung der Sehnsucht der Völkerwelt ist. Die Ehrerbietung, die Repräsentanten des Ostens hier dem Jesuskind bringen, ist eine Art prophetische Vorausnahme von dem, was in den folgenden Jahrhunderten überall auf der Welt geschehen sollte: Menschen aus allen Völkern, Nationen, Stämmen, aus allen Ländern und Kontinenten beugen ihre Knie vor Jesus Christus und nehmen ihn als König und Herrn an.

Auch das, was dann folgte, ist immer wieder in der Kunst dargestellt worden.

## Die Flucht nach Ägypten

» *Als es Zeit war, wieder aufzubrechen, zogen sie jedoch auf einem anderen Weg in ihre Heimat zurück, denn Gott hatte sie in einem Traum davor gewarnt, zu Herodes zurückzukehren.*

*Nachdem die Sterndeuter gegangen waren, erschien Josef im Traum ein Engel des Herrn. »Steh auf und flieh mit dem Kind und seiner Mutter nach Ägypten«, sagte der Engel. »Bleib dort, bis ich dir sage, dass ihr zurückkehren könnt, denn Herodes will das Kind umbringen.« Noch in derselben Nacht machte sich Josef mit dem Kind und dessen Mutter Maria auf den Weg nach Ägypten. Dort blieben sie bis zum Tod des Herodes. Auf diese Weise erfüllte sich, was der Herr durch den Propheten gesagt hatte: »Ich habe meinen Sohn aus Ägypten gerufen.«* «

*(Matthäus 2,12–15, Neues Leben Bibel)*

Der Aufenthalt der »Heiligen Familie« in Ägypten, wie Maria, Josef und das Kind häufig genannt werden, ist für die koptischen Christen in Ägypten von großer Bedeutung. Noch heute werden jedem Besucher die Orte gezeigt, wo sie auf ihrer Reise Station gemacht haben sollen. Wahrscheinlich haben sie sich dort einer Gruppe von Landsleuten angeschlossen. Zu dieser Zeit lebten allein in Alexandria an die einhunderttausend Juden.

Dass diese Flucht sinnvoll war, zeigen die folgenden Ereignisse, von denen Matthäus berichtet. Herodes lässt ein Blutbad unter allen männlichen Kindern, die jünger als zwei Jahre sind, im Großraum Bethlehem anrichten. Dass das zu seinem Charakter passt, bestätigt Josephus Flavius, der von ähnlichen Gräueltaten des Tyrannen berichtet.

Nach seinem Tod konnte dann Josef mit der kleinen Familie aus Ägypten zurückkehren.

## Zurück nach Nazareth

*Als Herodes gestorben war, erschien Josef wieder ein Engel des Herrn im Traum. Er sagte zu ihm: »Steh auf und bring das Kind und seine Mutter zurück ins Land Israel, denn die, die das Kind umbringen wollten, sind tot.« Daraufhin kehrte Josef mit Jesus und Maria nach Israel zurück. Als er aber erfuhr, dass Archelaus, der Sohn des Herodes, der neue Herrscher war, bekam er Angst. Und wieder erhielt er im Traum Gottes Anweisung: Er sollte nach Galiläa gehen.*

*Die Familie zog in die Stadt Nazareth, um sich dort niederzulassen. Damit erfüllte sich, was die Propheten vorausgesagt hatten: »Man wird ihn den Nazarener nennen.«* «
*(Matthäus 2,19–23, Neues Leben Bibel)*

## Die Geburtskirche

Wer heute den Ort der Geburt von Jesus besuchen will, braucht in Bethlehem nicht lange zu suchen. Mitten in der Stadt, am großen Zentralplatz, steht die Geburtskirche, die über der Stelle errichtet wurde, wo Jesus geboren wurde. Oder zumindest mit sehr hoher Wahrscheinlichkeit geboren wurde. Woher weiß man das? Es ist ziemlich einfach. Als Konstantin der Große im Jahr 313 n. Chr. im Toleranzedikt von Mailand das Christentum im Römischen Reich zur *religio licita* – zu einer »erlaubten Religion« – erklärte, hörten damit die Christenverfolgungen endgültig auf.

Helena, die Mutter Konstantins, war eine eifrige Christin und ging umgehend ans Werk. Sie wollte die Orte, an denen Jesus gewirkt hatte, besuchen und sie für die Nachwelt erhalten. So reiste sie im Jahr 326 n. Chr. nach Jerusalem und Bethlehem und erkundigte sich bei den Einheimischen, von denen nicht wenige Christen waren, nach den Originalstätten. Die Einwohner Bethlehems zeigten ihr eine Höhle, an die eine Mauer angebaut war. Diese ehemalige Unterkunft für Tiere wurde damals schon als Geburtsort von Jesus verehrt.

Es gibt keinen stichhaltigen Grund, die über einige Generationen weitergegebene Erinnerung der einheimischen Bewohner anzuzweifeln, dass diese Höhle der Ort der Geburt von Jesus war, zumal in Bethlehem ohne Unterbrechung Menschen siedelten. So sind wir in der Geburtskirche tatsächlich an der historisch wahrscheinlichsten Stelle.

Kaiserin Helena ließ nun, wie auch in Jerusalem beim Bau der Grabeskirche, das Gelände großflächig abräumen und einebnen und bewahrte nur die ursprüngliche Höhle unversehrt. Die Kirche wurde darüber gebaut, im alten Basilikastil, der in Anlehnung an die kaiserlichen Markthallen entwickelt wurde. Im Gegensatz zu fast allen anderen Kirchen im Heiligen Land ist die Geburtskirche bis heute im Wesentlichen unzerstört und nur leicht verändert erhalten.

Dies ist etwas Besonderes, weil ansonsten fast alle anderen Kirchen der frühen Zeit bei der Invasion der persischen Armee im Jahr 618 n. Chr. in Flammen aufgingen. Die persischen Herrscher, die der Religion Zarathustras anhingen, waren nämlich damals stark antichristlich eingestellt und verfolgten nicht nur die zahlreichen einheimischen Christen Persiens selbst, sondern zerstörten bei ihrem Siegeszug nach Westen auch sämtliche Kirchen. Sie setzten sie in Brand als Opfer für ihren höchsten Gott Ahura Mazda, dem das Feuer heilig war.

Nur die Geburtskirche in Bethlehem entging diesem Schicksal. Der Grund dafür war nach der Tradition die Tatsache, dass auf dem Fries über dem Eingang in die

Kirche die Szene der Anbetung der Weisen dargestellt war, die offensichtlich in der Abbildung persische Kleidung trugen. Da die persischen Eroberer dies respektierten, entschieden sie sich, die Kirche nicht zu verbrennen. Ob diese Tradition den Grund für die Verschonung der Geburtskirche korrekt weitergibt oder nicht, auf jeden Fall ist es so, dass sie bis zum heutigen Tag noch steht und besucht werden kann.

## Bethlehem heute

Der Ort Bethlehem ist seit der Zeit des Alten Testaments bis heute ununterbrochen besiedelt. So können wir davon ausgehen, dass die Einwohner zu einem großen Teil die Nachfahren derer darstellen, die zur Zeit von Jesus dort wohnten. Bis vor wenigen Jahrzehnten machten diese christlichen Palästinenser die Mehrzahl der Einwohnerschaft aus. Inzwischen ist durch Auswanderung vieler Christen und den Zuzug von Muslimen aus anderen Teilen der Westbank Bethlehem nur noch zu etwa 20 Prozent christlich und zu 80 Prozent muslimisch. Dennoch muss traditionsgemäß der Bürgermeister ein palästinensischer Christ sein.

Auf jeden Fall lohnt ein Besuch Bethlehems, denn hier kommen wir dem wahren Weihnachten zumindest geografisch ganz nahe.

# Was ist dran an Weihnachten?

Ziemlich viel: Der Ort ist klar, die Handelnden sind klar, die Überlieferung ist zuverlässig. Nur das genaue Datum ist unsicher. Aber das ist für Daten in der Antike nicht ungewöhnlich. Zusammenfassend können wir sagen: Die erste Weihnacht ist eine geschichtliche Tatsache. Klar ist: Jesus wurde zur Zeit von Herodes dem Großen in Bethlehem geboren, von einer jungen Frau namens Maria. Hier sind wir auf sicherem historischem Grund.

Doch was bedeutet das alles? Und was hat das mit uns heute zu tun?

Diesen Fragen wollen wir jetzt nachgehen.

# 2

# Windeln, Wunder und weise Menschen

# Was Weihnachten bedeutet

» *Die Ware Weihnacht ist nicht die wahre Weihnacht.* «
Kurt Marti

» *Wird Christus tausendmal zu Bethlehem geboren und nicht in dir: du bleibst noch ewiglich verloren.* «
Angelus Silesius

Um zu verstehen, was Weihnachten bedeutet, was seinen eigentlichen Sinn ausmacht, müssen wir einen Blick hinter die Kulissen werfen. Denn erst dann wird deutlich, wobei es bei diesem Fest der Feste ursprünglich ging.

# Was Weihnachten nicht ist

Um dem eigentlichen Kern von Weihnachten nahezukommen, müssen wir erst das alles beiseitelegen, was sich an zusätzlichen Dingen um das Zentrum herum entwickelt hat. Manchmal ist diese Verpackung so dick und so glänzend, dass wir das eigentliche Geschenk gar nicht mehr entdecken können.

Was ist also Weihnachten nicht? Oder besser: Wozu ist es geworden, was aber eigentlich nichts mit dem wirklichen Weihnachten zu tun hat?

- Das wahre Weihnachten ist keine gigantische Verkaufsveranstaltung.
- Das wahre Weihnachten ist kein sentimentales Fest für Kinder.
- Das wahre Weihnachten ist keine Werbeaktion der Kirchen.
- Das wahre Weihnachten ist kein westliches Jahresabschlussfest.
- Das wahre Weihnachten hat nichts mit Kommerz, Romantik, Tannenbäumen, Kerzen, Düften, Geschenken, viel Essen und Familienfrieden zu tun.
- Das wahre Weihnachten braucht keinen Schnee, keinen Weihnachtsmann, keinen Schlitten mit Rentieren, keinen Kamin, keine aufgehängten Socken oder Schuhe, die vor die Tür gestellt werden.
- Das wahre Weihnachten braucht kein romantisches Ambiente, keine besondere Stimmung, keinen gedeckten Tisch, keine Kerzen und keine süßliche Musik.
- Das wahre Weihnachten ist ganz anders.

Das wahre Weihnachten ist mehr.

## Die Geschichte hinter der Geschichte

Um herauszufinden, was Weihnachten wirklich ist, müssen wir noch einmal auf die ursprünglichen Berichte hören. Denn hier finden wir den Schlüssel zur Bedeutung von Weihnachten. In der Bibel finden sich einige Aussagen, die ein Licht auf die Geschichte hinter der Geschichte werfen können. Aussagen, die uns helfen, dem Geheimnis hinter dem Ereignis auf die Spur zu kommen.

## Was die Engel sagten

Es ist schon erstaunlich: In und um die Weihnachtsberichte wimmelt es nur so von Engeln. Hier tauchen sie verstärkt auf wie an kaum einer anderen Stelle der Bibel. Dabei müssen wir zuerst verstehen, was Engel eigentlich sind. Sie sind auf jeden Fall nicht das, was die Kunst in verschiedenen Epochen aus ihnen gemacht hat: liebliche, pausbäckige Babys, die sich übergewichtig an Kirchendecken tummeln und überirdisch lächeln. Ebenso wenig sind sie feminin aussehende Jünglinge mit langem blondem Haar, die leicht verlegen lächelnd in der Gegend herumstehen.

Das biblische Wort »Engel« bedeutet nichts anderes als Bote, sowohl im hebräischen Alten Testament als auch im griechisch geschriebenen Neuen Testament. Diese besonderen »Boten« Gottes werden in der Bibel als Ehrfurcht gebietende Wesen beschrieben. Sie sind alles andere als niedlich. Im Gegenteil, ihre Erscheinung ist Furcht einflößend. Kein Wunder, dass sie oft als Erstes sagen: »Habt keine Furcht!« Denn Furcht ist die natürliche Reaktion, wenn diese Wesen, die aus der Gegenwart Gottes kommen, in unsere Welt aus Raum und Zeit sichtbar einbrechen.

Die Worte der Engel sind Wegweiser zum Verständnis von Weihnachten.

Zu Maria sagt der mächtige Engel, dessen Name Gabriel übersetzt »Held Gottes« bedeutet:

» *»Fürchte dich nicht, Maria, du hast Gnade bei Gott gefunden. Siehe, du wirst schwanger werden und einen Sohn gebären, und du sollst ihm den Namen Jesus geben. Der wird groß sein und Sohn des Höchsten genannt werden; und Gott der Herr wird ihm den Thron seines Vaters David geben, und er wird König sein über das Haus Jakob in Ewigkeit, und sein Reich wird kein Ende haben.«* «

*(Lukas 1,30–33)*

Dem Josef, der zweifelt, ob er Maria überhaupt heiraten sollte, nun, da sie auf unbekannte Weise schwanger geworden ist, sagt er:

» *»Josef, du Sohn Davids, fürchte dich nicht, Maria, deine Frau, zu dir zu nehmen; denn was sie empfangen hat, das ist von dem Heiligen Geist. Und sie wird einen Sohn gebären, dem sollst du den Namen Jesus geben, denn er wird sein Volk retten von ihren Sünden.«* «

*(Matthäus 1,20–21)*

Den Hirten auf dem Feld überbringt der Bote Gottes folgende Nachricht:

*»Fürchtet euch nicht! Siehe, ich verkündige euch große Freude, die allem Volk widerfahren wird; denn euch ist heute der Heiland geboren, welcher ist Christus, der Herr, in der Stadt Davids. Und das habt zum Zeichen: Ihr werdet finden das Kind in Windeln gewickelt und in einer Krippe liegen.«*

*(Lukas 2,10–12)*

Eine überaus große Schar von Engeln singt ein Loblied auf Gott, das das Weihnachtsgeschehen deutet:

*»Ehre sei Gott in der Höhe und Friede auf Erden bei den Menschen seines Wohlgefallens.«*

*(Lukas 2,14)*

Dem Josef befiehlt der Engel in einem Traum, mit Maria und dem Kind nach Ägypten auszuwandern, um den Nachstellungen von Herodes dem Großen zu entgehen:

*»Steh auf, nimm das Kindlein und seine Mutter mit dir und flieh nach Ägypten und bleib dort, bis ich dir's sage; denn Herodes hat vor, das Kindlein zu suchen, um es umzubringen.«*

*(Matthäus 2,13)*

Schließlich lässt er ihn nach dem Tod von Herodes wieder in seine Heimat zurückkehren:

*»Steh auf, nimm das Kindlein und seine Mutter mit dir und zieh hin in das Land Israel; sie sind gestorben, die dem Kindlein nach dem Leben getrachtet haben.«*
*(Matthäus 2,20)*

All diese Botschaften der Engel zeigen: Der Himmel nimmt regen Anteil an dem, was auf der Erde rund um die Geburt von Jesus geschieht. Hier ist nicht einfach ein zufälliges Geschehen, sondern diese Geburt ist etwas Besonderes. Sie hat Auswirkungen auf alle Menschen und wird den Lauf der Weltgeschichte entscheidend verändern.

Die Engel sagen: Die Weihnachtsgeschichte ist eine Geschichte des Eingreifens Gottes in unsere Welt. Gott hat beschlossen zu handeln und tut es in der Geburt dieses Kindes, das den Namen Jesus tragen soll. Jesus, auf Hebräisch *Jeschua*, bedeutet: »Der Herr – Gott – ist selbst die Rettung. Er ist das Heil.«

## Was Maria sagte

Auf Marias Frage: »Wie soll das zugehen, da ich doch von keinem Mann weiß?« (Lukas 1,34), gibt der Engel ihr zur Antwort:

*»Der Heilige Geist wird über dich kommen, und die Kraft des Höchsten wird dich überschatten; darum wird auch das Heilige, das geboren wird, Gottes Sohn genannt werden.«*
*(Lukas 1,35)*

Die Reaktion von Maria zeigt, dass sie sehr wohl verstand, was hier geschehen sollte:

*»Siehe, ich bin des Herrn Magd; mir geschehe, wie du gesagt hast!«*
*(Lukas 1,38)*

Mit dieser Aussage drückt sie ihre Bereitschaft aus, auf Gottes Pläne einzugehen. Sie ist sich bewusst, dass dies ein Abenteuer ist, ein Vordringen in ein Gebiet, in das noch nie ein Mensch gekommen war. Eine Geburt allein aus der Kraft des Heiligen Geistes, so unvorstellbar und für sie doch so real.

Ein Weg, der Missverstandenwerden und Leiden mit einschließen sollte, und der ihr doch den großen Adel geben würde, Mutter des Messias, des Erlösers der Welt zu werden.

So ist ihr Lobgesang eine weitere angemessene Reaktion auf die Ankündigung des Boten Gottes. Unter dem lateinischen Namen *Magnifikat* – nach dem ersten Wort des Lobpreises – sind diese Worte Marias, wie Lukas sie uns überliefert, in die Literatur der Welt eingegangen.

*»Und Maria sprach: Meine Seele erhebt den Herrn,*

*und mein Geist freut sich Gottes, meines Heilandes;*

*denn er hat die Niedrigkeit seiner Magd angesehen.*

*Siehe, von nun an werden mich selig preisen alle Kindeskinder.*

*Denn er hat große Dinge an mir getan, der da mächtig ist und dessen Name heilig ist.*

*Und seine Barmherzigkeit währt von Geschlecht zu Geschlecht bei denen, die ihn fürchten.*

*Er übt Gewalt mit seinem Arm und zerstreut, die hoffärtig sind in ihres Herzens Sinn.*

*Er stößt die Gewaltigen vom Thron und erhebt die Niedrigen.*

*Die Hungrigen füllt er mit Gütern und lässt die Reichen leer ausgehen.*

*Er gedenkt der Barmherzigkeit und hilft seinem Diener Israel auf,*

*wie er geredet hat zu unsern Vätern, Abraham und seinen Kindern in Ewigkeit.«*

*(Lukas 1,46–55)*

## Was Josef sagte

Ein Blick in die Evangelien genügt, um zu sehen, dass Josef kein Mann der großen Worte war. In der christlichen Kunst ist er häufig als jemand dargestellt worden, der zweifelnd an der Seite sitzt. Auf anderen Darstellungen steht er dezent im Hintergrund und erscheint manchmal etwas getrennt vom eigentlichen Geschehen.

Doch die Evangelien zeigen ein anderes Bild von Josef. Wenn auch seine Worte nicht überliefert wurden, so doch seine Taten. Dreimal spricht ein Bote des Himmels direkt zu ihm. In allen drei Fällen führt er den Auftrag des Engels ohne zu zögern aus (Matthäus 1,18–25 und 2,13–23). Josef war dabei und tat, was er tun konnte, um seiner Frau Maria und ihrem Kind den Schutz zu gewähren, den sie brauchten.

Auch später übernahm er eine aktive Rolle in der Erziehung von Jesus. Von ihm lernte der Junge das Handwerk eines Baumeisters – so ist das Wort *tektôn* (Matthäus 13,55) genauer zu übersetzen. Seite an Seite mit ihm arbeitete Jesus viele Jahre, bevor er mit seinem öffentlichen Wirken begann (Markus 6,1–3).

So zeigt Josef durch sein Handeln, dass er sich ganz auf das einstellen wollte, was Gott an dieser Schnittstelle der Weltgeschichte tat.

## Was die Hirten sagten

Dass es ausgerechnet Hirten waren, die als Erste die Nachricht von der Geburt von Jesus erhalten sollten, gehört zu den unerklärbaren Geheimnissen des Weihnachtsgeschehens. Der Hirtenberuf gehörte nicht unbedingt zu denen, die die höchste gesellschaftliche

Anerkennung erhielten. Vielmehr waren es wohl arme Männer, die dort als Hüter der Schafherden anderer ihren Lebensunterhalt verdienten.

Auf der anderen Seite war es in gewisser Weise auch etwas Besonderes, ein Hirte zu sein, gerade auf den Feldern um Bethlehem herum. Denn schließlich war David, der größte Sohn dieses kleinen Ortes, auch ein Hirtenjunge gewesen, bevor er zum König von ganz Israel wurde. Hier, auf diesen Feldern, hatte er seine großartigen Lieder gedichtet und mit seiner kleinen, selbst gemachten Leier angestimmt. Darunter das Lied von Gott als dem Hirten, das als Psalm 23 in die Weltliteratur eingegangen ist.

» *Ein Psalm Davids.*
*Der HERR ist mein Hirte,*
*mir wird nichts mangeln.*
*Er weidet mich auf einer grünen Aue*
*und führet mich zum frischen Wasser.*
*Er erquicket meine Seele.*
*Er führet mich auf rechter Straße*
*um seines Namens willen.*
*Und ob ich schon wanderte im finsteren Tal,*
*fürchte ich kein Unglück;*
*denn du bist bei mir,*
*dein Stecken und Stab trösten mich.*
*Du bereitest vor mir einen Tisch*
*im Angesicht meiner Feinde.*

*Du salbest mein Haupt mit Öl*
*und schenkest mir voll ein.*
*Gutes und Barmherzigkeit werden mir folgen mein Leben lang,*
*und ich werde bleiben im Hause des HERRN immerdar.*

Gerade diese Hirten auf den Feldern um Bethlehem – die Hirtenfelder liegen beim heutigen Beit Zahuur, dem »Haus der Erscheinung« – sehen den Engel und hören, was er ihnen zu sagen hat. Ihre Reaktion ist praktisch und folgerichtig:

*Als die Engel in den Himmel zurückgekehrt waren, sagten die Hirten zueinander: »Kommt, wir gehen nach Bethlehem und sehen uns an, was da geschehen ist, was Gott uns bekannt gemacht hat!«*

*Sie liefen hin, kamen zum Stall und fanden Maria und Josef und bei ihnen das Kind in der Futterkrippe. Als sie es sahen, berichteten sie, was ihnen der Engel von diesem Kind gesagt hatte. Und alle, die dabei waren, staunten über das, was ihnen die Hirten erzählten. Maria aber bewahrte all das Gehörte in ihrem Herzen und dachte viel darüber nach.*

*Die Hirten kehrten zu ihren Herden zurück und priesen Gott und dankten ihm für das, was sie gehört und gesehen hatten. Es war alles genauso gewesen, wie der Engel es ihnen verkündet hatte.*

*(Lukas 2,15–20, Gute Nachricht Bibel)*

Dass gerade die Hirten Empfänger der Botschaft der Engel wurden, zeigt also zwei Dinge gleichzeitig: Die gute Nachricht gilt allen Menschen, unabhängig von Status und Herkunft. Und: Gott knüpft bei dem an, was damals mit König David geschah. Gott führt seine Geschichte weiter. Und da sind ihm die Hirten gerade recht als seine Ansprechpartner. Vielleicht sind sie, die täglich seine Schöpfung auf dem freien Feld erleben konnten, ja besonders offen für seine Wirklichkeit. Bei der ersten Weihnacht spielten sie jedenfalls eine Hauptrolle. Ihnen wurde zuallererst die Botschaft verkündet, dass der Heiland, der Retter der Welt, geboren war.

## Was die Weisen sagten

Auf den ersten Blick sind sie etwas rätselhaft, diese weisen Männer, die aus dem Osten kamen, um dem neugeborenen König der Juden ihre Ehrerbietung zu bringen. Die christliche Tradition hat sie zu Königen gemacht, zu heiligen noch dazu, und sie schließlich auf drei Personen festgelegt. Vielleicht haben die drei genannten Geschenke zu dieser zahlenmäßigen Festlegung geführt. Doch in der Bibel steht nichts von drei, nichts von heilig und erst recht nichts von Königen. Es waren einfach »Weise«, griechisch *magoi,* Sterndeuter aus dem Zweistromland an Euphrat und Tigris. Ihr Leben bestand darin, die Sterne zu beobachten und daraus die Geschehnisse der Weltgeschichte zu deuten.

Als ein ganz besonderer Stern erschien, wussten sie, dass jetzt die Stunde gekommen war. Die Stunde, in der ein ganz besonderes Kind geboren werden sollte, und die Stunde, in der sie selbst zum Handeln aufgefordert waren.

So traten sie aus der Rolle der Beobachter heraus. Sie wollten Anteil nehmen und Anteil geben an diesem außergewöhnlichen Geschehen. Sie wussten, dass sie handeln mussten – oder für immer den Anschluss verpassen würden.

*»Wo finden wir den neugeborenen König der Juden? Wir haben seinen Stern aufgehen sehen und sind gekommen, um uns vor ihm niederzuwerfen.«*

*(Matthäus 2,2, Gute Nachricht Bibel)*

Das war ihre Begründung und ihr Ziel. Bei ihnen blieb es nicht bei Worten, sondern sie setzten sie umgehend in die Tat um. So machten sie sich auf den Weg, um den neugeborenen König der Juden zu sehen und ihm ihre Geschenke zu bringen. Nachdem sie ihn nicht im Palast in Jerusalem gefunden hatten, kamen sie nach Bethlehem:

*»Sie gingen in das Haus und fanden das Kind mit seiner Mutter Maria. Da warfen sie sich vor ihm zu Boden und ehrten es als König. Dann holten sie die Schätze hervor, die sie mitgebracht hatten, und legten sie vor ihm nieder: Gold, Weihrauch und Myrrhe.«*

*(Matthäus 2,11, Gute Nachricht Bibel)*

Viele Leute haben sich darüber Gedanken gemacht, was die Geschenke bedeuten, die die antiken Wissenschaftler zum Stall nach Bethlehem brachten. Warum gerade Gold, Weihrauch und Myrrhe?

Gold – das war das Symbol des Königtums. Gold bedeutet Macht und Reichtum. Das Gold zeigt: Das Kind im Stall wird ein König sein, der über ein großes Reich regiert.

Weihrauch – das war das Symbol des Gottesdienstes. In den Tempeln wurde Weihrauch verwendet als Ausdruck des Gebets. Der Weihrauch zeigt: Das Kind im Stall wird ein Priester sein, der die Menschen wieder in Verbindung mit Gott bringt.

Myrrhe – das war das Symbol für Leiden und gleichzeitig für die Heilung. Myrrhe heißt wörtlich übersetzt »Bitterkraut« und wurde als Medizin eingesetzt. Am Kreuz wird dem sterbenden Jesus ein Becher voller Myrrhe gereicht. So zeigt die Myrrhe: Das Kind im Stall wird leiden und durch sein Leiden Heilung für die Menschen bringen.

So zeigen die Geschenke der Weisen aus dem Osten schon am Anfang seines Lebens, wer Jesus ist: Der König der Welt, der Priester, der die Welt mit Gott versöhnt, der Mann am Kreuz, der die Sünden der Welt trägt.

# Was die Propheten sagten

Es ist eine spannende Sache, die Aussagen der Propheten, die im Alten Testament überliefert sind, mit dem Leben von Jesus zu vergleichen. Jahrhunderte vor Christus lebten im alten Israel Menschen, die Botschaften von Gott empfingen und sie an ihre Umgebung weitergaben. Sie wurden Propheten genannt. Das griechische Wort *prophetes* meint wörtlich jemanden, der »vorsagt« – also einen Menschen, der etwas »voraussagt« oder auch der »vor anderen eine Botschaft sagt«.

Beides taten diese besonderen Menschen, Männer und Frauen, deren Worte in der Bibel zu finden sind. Ihre Hauptaufgabe war es, im Namen Gottes zu den Menschen ihrer Zeit zu sprechen. Sie zu ermutigen, zu korrigieren, zu warnen oder auch Unheil zu verkündigen, Ereignisse, die dann auch eintrafen, wie die Verschleppung des jüdischen Volkes in die Gefangenschaft nach Babylonien. So gab Gott diesen Propheten eine Schau für die Wirklichkeit hinter der Wirklichkeit und eröffnete ihnen häufig auch den Blick in die Zukunft.

Jesaja, Micha, Daniel, Sacharja, Amos, Hesekiel, Debora, Anna und viele andere gehören zu diesen Voraus-Sehern und Voraus-Sagern. Auch David, der König, ist zu den Propheten zu rechnen, ebenso Jakob, der Stammvater des jüdischen Volkes, sowie auch der direkte Vorgänger von Jesus, Johannes der Täufer.

Ganz im Zentrum ihrer Verkündigung standen die Voraussagen über den Messias, den, der kommen und Gottes gerechte Herrschaft bringen wird. Wer sich mit diesen Voraussagen beschäftigt, die mehrere hundert Jahre vor dem Kommen von Jesus ausgesprochen und niedergeschrieben wurden, kommt aus dem Staunen nicht heraus. Denn viele Einzelheiten des Lebens, des Sterbens und auch der Geburt von Jesus sind bei ihnen vorausgesagt.

Kein Wunder, dass die christliche Kirche von Anfang an die Verbindungen zwischen dem Alten und Neuen Testament, zwischen den »Verheißungen« und den »Erfüllungen« besonders heraushob. Schon im Neuen Testament wird immer wieder darauf hingewiesen.

So sagt der Prophet Micha die Geburt des Erlösers in Bethlehem voraus:

*»Du, Bethlehem Efrata, die du klein bist unter den Städten in Juda, aus dir soll mir der kommen, der in Israel Herr sei, dessen Ausgang von Anfang und von Ewigkeit her gewesen ist.«*

*(Micha 5,1)*

Jeremia spricht davon, dass man im Gebiet von Rama, einem Ort nahe Bethlehem, großes Klagegeschrei über ermordete Kinder hört, was Matthäus mit dem Kindermord des Herodes in Verbindung bringt (Jeremia 31,15).

Der Einzug von Jesus nach Jerusalem auf einem Esel kurz vor seinem Tod wird vom Propheten Sacharja vorausgesagt:

*»Du, Tochter Zion, freue dich sehr, und du, Tochter Jerusalem, jauchze! Siehe, dein König kommt zu dir, ein Gerechter und ein Helfer, arm und reitet auf einem Esel, auf einem Füllen der Eselin.«*
*(Sacharja 9,9)*

Dieser Bibelabschnitt wird im bekannten Adventslied »Tochter Zion« aufgegriffen:

*Tochter Zion, freue dich,*
*jauchze laut, Jerusalem!*
*Sieh, dein König kommt zu dir,*
*ja, er kommt, der Friedefürst.*
*Tochter Zion, freue dich,*
*jauchze laut, Jerusalem!*

Und auch die Geburt des Messias ohne leiblichen Vater wird im Alten Testament angedeutet. So sagt der Prophet Jesaja:

*»Darum wird euch der HERR selbst ein Zeichen geben: Siehe, eine Jungfrau ist schwanger und wird einen Sohn gebären, den wird sie nennen Immanuel.«*
*Jesaja (7,14)*

Der Letzte, den wir in die Reihe der alttestamentlichen Propheten einreihen können, ist der direkte Vorgänger von Jesus, Johannes der Täufer, über den auch Josephus Flavius schreibt und damit die Evangelienberichte bestätigt. Auch er sprach von dem, »der da kommen soll«:

» *Als aber das Volk voll Erwartung war und alle dachten in ihren Herzen von Johannes, ob er vielleicht der Christus wäre, antwortete Johannes und sprach zu allen: »Ich taufe euch mit Wasser; es kommt aber einer, der ist stärker als ich, und ich bin nicht wert, dass ich ihm die Riemen seiner Schuhe löse; der wird euch mit dem Heiligen Geist und mit Feuer taufen.«* «
*(Lukas 3,15–16)*

Später, bei der Begegnung mit Jesus, deutet Johannes auf ihn und identifiziert ihn als den Verheißenen:

» *Als Johannes am nächsten Tag Jesus auf sich zukommen sah, sagte er: »Seht dort das Opferlamm Gottes, das die Schuld der ganzen Welt wegnimmt. Von ihm habe ich gesprochen, als ich sagte: ›Nach mir kommt einer, der über mir steht; denn bevor ich geboren wurde, war er schon da.‹ Auch ich kannte ihn vorher nicht. Aber eben deshalb bin ich gekommen und habe mit Wasser getauft, damit er in Israel bekannt wird.« Johannes machte dazu folgende Zeugenaussage: »Ich sah, dass der Geist Gottes wie eine Taube vom Himmel auf ihn kam und bei ihm blieb.«* «
*(Johannes 1,29–32, Gute Nachricht Bibel)*

## Weihnachten ist die Zeit der Erfüllung

Aus all diesen Voraussagen wird deutlich: Das Kommen von Jesus war kein zufälliges Geschehen, sondern von Gott schon mit langer Hand vorbereitet. Deshalb ist es auch kein Wunder, dass Paulus davon ausging, dass Jesus »in der Fülle der Zeit« geboren wurde:

*»Als aber die Zeit erfüllt war, sandte Gott seinen Sohn, geboren von einer Frau und unter das Gesetz getan, damit er die, die unter dem Gesetz waren, erlöste, damit wir die Kindschaft empfingen.«*
*(Galater 4,4–5)*

Das, was Weihnachten geschah, ist die Erfüllung von vielen Voraussagen der Propheten. Dass all diese Einzelheiten sich zu einer Zeit in einer Person erfüllen, ist statistisch in höchstem Grad unwahrscheinlich. Und doch geschah es. Gott zeigt damit: Dieser Jesus, der in Bethlehem geboren ist, ist wirklich der Retter der Welt.

## Was die christliche Kirche sagt

Nach allem hier Gesagten ist es nicht verwunderlich, dass die Christen von Anfang an das Wunder von Weihnachten gefeiert haben. Dabei ging es ihnen nicht um das Datum, und erst recht nicht um romantische Stimmung oder festliche Gefühle. Viel mehr war ihnen wichtig, dass deutlich wurde, wer hier geboren wurde.

Die Ikonen, die Maria mit dem Kind zeigen, sind eigentlich keine Bilder über Maria, sondern sollen das Weihnachtsgeschehen versinnbildlichen.

Darzustellen, was die christliche Kirche über die Bedeutung von Weihnachten sagt, würde viele Bücher füllen. So sollen hier einfach einige Zitate aus verschiedenen Epochen der Kirchengeschichte aufgeführt werden, als kleine Schlüssel zu der großen Schatztruhe, die das Weihnachtsfest bedeutet.

Im apostolischen Glaubensbekenntnis, das allen Kirchen gemeinsam ist, ist das Weihnachtsgeschehen kurz angedeutet:

» *Ich glaube ... an Jesus Christus,*
*Gottes einzig-geborenen Sohn,*
*Unseren Herrn ...*
*Geboren von der Jungfrau Maria ...* «

Für die vielen soll der Reformator Martin Luther zu Wort kommen, mit einem seiner zahlreichen Weihnachtslieder. In den ersten beiden Strophen stellt er das Thema dar: Gott wurde Mensch in Jesus Christus. Das, was Weihnachten in Bethlehem geschah, ist ein Geschehen, das die ganze Menschheit angeht.

»*Gelobet seist du, Jesu Christ,*
*Dass du Mensch geboren bist*
*Von einer Jungfrau, das ist wahr;*
*Des freuet sich der Engel Schar.*

*Des ewgen Vaters einzig Kind*
*Jetzt man in der Krippen findt;*
*In unser armes Fleisch und Blut*
*Verkleidet sich das ewig Gut.*«

Er besingt das Wunder, dass der ewige Gott ganz klein wurde, dass sich der Schöpfer selbst in die begrenzte Wirklichkeit der Schöpfung hineingab:

»*Den aller Welt Kreis nie beschloss,*
*Der liegt in Marien Schoß;*
*Er ist ein Kindlein worden klein,*
*Der alle Ding erhält allein.*«

Das Erscheinen von Jesus Christus in dieser Welt bedeutet nicht weniger, als dass das Licht der Ewigkeit in die Zeit hineinscheint. Wer dieses Licht erblickt, wird verwandelt:

»*Das ewig Licht geht da herein,*
*Gibt der Welt ein neuen Schein;*
*Es leucht wohl mitten in der Nacht*
*Und uns des Lichtes Kinder macht.*

*Der Sohn des Vaters, Gott von Art,*
*Ein Gast in der Welt hier ward*
*Und führt uns aus dem Jammertal,*
*Er macht uns Erben in seim Saal.* «

Das, was Gott uns Menschen durch Jesus Christus schenkt, hat Auswirkungen nicht nur in diesem Leben, sondern auch darüber hinaus. Darin zeigt sich seine Liebe, die allen Menschen gilt. Deshalb ist Weihnachten ein Grund zur Freude, denn Gottes Geschenk schließt niemanden aus. Jeder ist eingeladen in den Raum seiner Liebe.

» *Er ist auf Erden kommen arm,*
*Dass er unser sich erbarm*
*Und in dem Himmel mache reich*
*Und seinen lieben Engeln gleich.*

*Das hat er alles uns getan,*
*Sein groß Lieb zu zeigen an.*
*Des freu sich alle Christenheit*
*Und dank ihm des in Ewigkeit.* «

So beginnt Martin Luther sein Weihnachtslied mit der Aufforderung zum Lob und schließt mit der Einladung, sich zu freuen und Gott zu danken.

Ebenfalls im 16. Jahrhundert dichtete Nikolaus Herrmann (1480–1561) ein Lied, das das Weihnachtgeschehen deutet:

» *Lobt Gott, ihr Christen alle gleich,*
*In seinem höchsten Thron,*
*Der heut schließt auf sein Himmelreich*
*Und schenkt uns seinen Sohn.*

*Er kommt aus seines Vaters Schoß*
*Und wird ein Kindlein klein,*
*Er liegt dort elend, nackt und bloß*
*In einem Krippelein.*

*Er äußert sich all seiner Gwalt,*
*Wird niedrig und gering,*
*Und nimmt an sich eins Knechts Gestalt,*
*Der Schöpfer aller Ding.*

*Er wechselt mit uns wunderlich:*
*Fleisch und Blut nimmt er an*
*Und gibt uns in seins Vater Reich*
*Die klare Gottheit dran.*

*Er wird ein Knecht und ich ein Herr;*
*Das mag ein Wechsel sein!*
*Wie könnt es doch sein freundlicher,*
*Das herze Jesulein.*

*Heut schließt er wieder auf die Tür*
*Zum schönen Paradeis;*
*Der Cherub steht nicht mehr dafür.*
*Gott sei Lob, Ehr und Preis!* «

Was zu Weihnachten geschah, fasste der Dichter Jochen Klepper (1903–1942) in der Mitte des 20. Jahrhunderts in unübertreffbare Worte. In der Zeit des Nationalsozialismus lehnte er es ab, sich von seiner jüdischen Frau scheiden zu lassen, und ging schließlich, um der Deportation und der Ermordung durch die Nazis zu entgehen, mit ihr und ihrem Kind freiwillig in den Tod. Gerade vor diesem Hintergrund strahlt die Botschaft der Hoffnung in seinem Weihnachtslied »Die Nacht ist vorgedrungen« auf. Darin beschreibt er, dass gerade in unserer menschlichen Wirklichkeit, die von Angst, Einsamkeit, Hoffnungslosigkeit und Schuldigwerden geprägt ist, das Licht Gottes scheint.

Auch Paul Gerhardt, einer der bekanntesten deutschen Liederdichter, schrieb viele Weihnachtslieder. Als Pfarrer in der Zeit des Dreißigjährigen Krieges erlebte er persönliches Leid. Gerade vor diesem Hintergrund leuchtet die Freude auf, die uns in seinen zahlreichen Weihnachtsliedern begegnet.

Für Paul Gerhardt war das Zentrum von Weihnachten das Kind in der Krippe, Jesus selbst. Er versetzte sich ganz persönlich in die Weihnachtsgeschichte hinein. Er blieb kein distanzierter Beobachter, sondern brachte seine eigene Lebensgeschichte mit hinein in die Begegnung mit Jesus:

» *Ich steh an deiner Krippen hier,*
*Oh Jesus, du mein Leben.*
*Ich komme, bring und schenke dir,*
*was du mir hast gegeben.*
*Nimm hin, es ist mein Geist und Sinn,*
*Herz, Seel' und Mut, nimm alles hin,*
*Und lass dir's wohl gefallen.* «

Für Paul Gerhardt ist Weihnachten der Schlüssel zum Leben. Hier kommt Gott ganz nahe und verändert alles:

» *Ich lag in tiefster Todesnacht,*
*du warest meine Sonne,*
*die Sonne, die mir zugebracht*
*Licht, Leben, Freud und Wonne!*
*O Sonne, die das werte Licht*
*des Glaubens in mir zugericht',*
*wie schön sind deine Strahlen!* «

Immer wieder wurde Paul Gerhardt von der Frage bewegt, wie wir auf das Geschenk der Weihnacht antworten können. Diese Frage stellt er in seinem bekannten Adventslied »Wie soll ich dich empfangen?«.

In einer der Strophen dieses Liedes beschreibt er, was Gott ihm – und allen Menschen – schenken möchte, durch Weihnachten:

» *Ich lag in schweren Banden,*
*du kommst und machst mich los!*
*Ich lag in Spott und Schanden,*
*du kommst und machst mich groß.*
*Und hebst mich hoch zu Ehren*
*und schenkst mir großes Gut,*
*das sich nicht lässt verzehren,*
*wie irdisch Reichtum tut.* «

So ist es kein Wunder, dass Paul Gerhardts Weihnachtslieder immer wieder von Freude und Fröhlichkeit übersprudeln:

» *Fröhlich soll mein Herze springen*
*dieser Zeit, da vor Freud*
*alle Engel singen.*
*Hört, hört, wie mit vollen Chören*
*alle Luft laute ruft: Christus ist geboren!*

*Sollt uns Gott nun können hassen,*
*der uns gibt, was er liebt*
*über alle Maßen?*
*Gott gibt, unserm Leid zu wehren,*
*seinen Sohn aus dem Thron seiner Macht und Ehren.*

*Die ihr arm seid und elende,*
*kommt herbei, füllet frei*
*eures Glaubens Hände.*
*Hier sind alle guten Gaben*
*und das Gold, da ihr sollt euer Herz mit laben.*

So ist für die Christen Weihnachten immer das Fest der Freude gewesen, der Freude, die siegt, weil die Liebe Gottes immer stärker ist als alle Mächte der Finsternis. Diese Freude drückt auch das bekannte Lied von Johannes Daniel Falk (1768–1826) aus, der nach dem Tod seiner eigenen vier Kinder begann, sich um Waisenkinder zu kümmern. Für sie dichtete er 1818 dieses Lied, das den Kern von Weihnachten zusammenfasst:

*O du fröhliche, o du selige,*
*gnadenbringende Weihnachtszeit!*
*Welt ging verloren, Christ ist geboren:*
*Freue, freue dich, o Christenheit!*

*O du fröhliche, o du selige,*
*gnadenbringende Weihnachtszeit!*
*Christ ist erschienen, uns zu versühnen:*
*Freue, freue dich, o Christenheit!*

*O du fröhliche, o du selige,*
*gnadenbringende Weihnachtszeit!*
*Himmlische Heere jauchzen dir Ehre:*
*Freue, freue dich, o Christenheit!*

# 3

# Was Sie schon immer wissen wollten

# Weihnachten von A bis Z

**Advent**

Die vier Sonntage vor Weihnachten werden als erster, zweiter, dritter und vierter Advent bezeichnet. Sie markieren die Adventszeit, die je nach Abstand des 4. Advents von Weihnachten unterschiedlich lang sein kann. Das lateinische Wort *adventus* bedeutet »Ankunft«. Die Adventszeit war eine Fastenzeit, in der die Christen sich auf Weihnachten vorbereiteten und gleichzeitig daran dachten, dass Jesus Christus wiederkommen wird.

**Ägypten**

Das Land am Nil spielt eine oft übersehene Rolle in der Weihnachtsgeschichte. Auf Anweisung des Engels wandert Josef mit seiner Frau Maria und dem Kind nach Ägypten, um den Nachstellungen von Herodes dem Großen zu entgehen. »Die Heilige Familie auf der Flucht nach Ägypten« ist ein beliebtes Thema der Kunst. In Ägypten sind verschiedene Orte zu besichtigen, an denen sie Rast gemacht haben sollen. Nach dem Tod von Herodes ruft der Engel sie zurück. Dies wird im Matthäusevangelium (2,15) mit der Aussage Gottes im Buch des Propheten Hosea (11,1) in Verbindung gebracht: *»Aus Ägypten habe ich meinen Sohn gerufen.«*

**Ankündigung**

Lateinisch *Annuntiatio.* Die Ankündigung der Geburt von Jesus an Maria durch den Engel Gabriel (Lukas 1).

In der lateinischen Übersetzung lautet der Gruß des Engels: »Ave Maria«. Dieser Gruß wurde häufig musikalisch umgesetzt und wurde in der katholischen Kirche in den Rosenkranz aufgenommen.

**Augustus**
Imperator Caesar Divi filius Augustus, römischer Kaiser, (63 v. Chr. – 14 n. Chr.) war von 31 v. Chr. an Alleinherrscher. Während seiner Herrschaft wurde Jesus geboren.

**Balthasar**
Name, den die Tradition einem der Weisen aus dem Orient gegeben hat, die dem Jesus-Kind Geschenke bringen. In der Tradition wurden aus den Weisen Könige, ihre Zahl wurde auf drei festgelegt und ihnen wurden in der Kirche des Abendlandes die Namen Caspar, Melchior und Balthasar gegeben.

**Benedictus**
Das lateinische Wort bedeutet »Gesegnet« oder »Gepriesen« und ist in der lateinischen Bibelübersetzung der Anfang des Lobgesangs von Zacharias, dem Vater von Johannes dem Täufer (Lukas 1,68–79). Es wird in vielen Klöstern und geistlichen Gemeinschaften im Morgengebet gebetet.

**Bethlehem**
Geburtsort von Jesus. Heimatort des zweiten gesamtisraelitischen Königs David (ca. 960–1000 v. Chr.). Heute

Teil des palästinensischen Autonomiegebiets. Der hebräische Name bedeutet »Haus des Brotes«.

**Caspar**

In der Tradition Name eines der »Heiligen Drei Könige«. Siehe »Balthasar«.

**Christbaum**

Siehe Tannenbaum.

**Christkind**

Ursprünglich wohl das »Christuskind«, also Jesus selbst. In den volkstümlichen Weihnachtsbräuchen vor allem in Süddeutschland ein blond gelockter Engel in weißem Kleid. Das Christkind bringt am 25. Dezember Geschenke – ursprünglich im Elsass, ab dem 16. Jahrhundert überall, vor allem in protestantischen Gegenden Deutschlands. In Nürnberg findet alle zwei Jahre eine Wahl unter vielen jungen Bewerberinnen zum »Christkind« statt. Das trägt dann eine Krone und ein weißgoldenes Kleid.

**Christmas**

Der englische Name für Weihnachten, von *Christ-Mass,* »Christ-Messe«. In der Gegenwart manchmal durch »X-mas« ersetzt, was in manchen Fällen den Versuch darstellt, das Weihnachtsfest von seiner Beziehung zu Jesus Christus zu lösen, in anderen Fällen eher aus Gedankenlosigkeit geschieht.

**Christmas Island**

Englisch »Weihnachtsinsel«. Christmas Island gibt es gleich zweimal. Die eine Insel gehört zu Australien, liegt aber näher an Java (Indonesien) als am australischen Kontinent. Der britische Kapitän William Mynors gab ihr am Weihnachtstag 1643 ihren Namen, konnte aber nicht landen. Erst 1688 landete das erste britische Schiff unter Kapitän William Dampier. Weitere 200 Jahre blieb die Insel unbewohnt, bis dort 1888 eine kleine englische Holzfällersiedlung gegründet wurde.

Die zweite Weihnachtsinsel gehört zur Republik Kiribati in der Südsee und ist von Melanesiern und Polynesiern bewohnt. 1957 wurden vor ihrer Küste zu Versuchszwecken eine Atombombe und zwei Wasserstoffbomben gezündet.

**Christmette**

Im Lauf der Zeit entwickelten sich in der Kirche mehrere Weihnachtsgottesdienste, einer am 24. Dezember – die Christvesper –, einer mitten in der Nacht und einer im Morgengrauen des 25. Dezember. Der Gottesdienst in der Nacht wird als »Christmette« bezeichnet, wohl von lateinisch *matutina* – »frühe Morgenstunde«.

**Christus**

Christus ist kein Name, sondern die lateinische Form von griechisch *christos,* »der Gesalbte«. Das wiederum ist eine Übersetzung des hebräischen *maschiach,* in griechischer Version auch »Messias«. »Der Gesalbte« war im Alten Testament ein Ehrentitel für den König. Später war nur noch von dem einen Messias die Rede, der kommen sollte, um dem Volk die Befreiung zu bringen. Immer wieder wurde Jesus gefragt, ob er »der Messias« bzw. »der Christus« sei. Jesus bestätigte dies (z.B. Matthäus 16,16). In der Weihnachtsgeschichte sagt der Engel zu den Hirten: *»Euch ist heute der Heiland geboren, welcher ist Christus, der Herr, in der Stadt Davids« (Lukas 2,11).*

**Christvesper**

Andere Bezeichnung für den Heiligabendgottesdienst am späten Nachmittag oder frühen Abend des 24. Dezember.

**Dankbarkeit**

Schenken und Beschenkt-Werden sind wesentliche Teile von Weihnachten. Dabei soll und darf die Dankbarkeit nicht zu kurz kommen. Viele Menschen drücken ihre Dankbarkeit dafür, was sie haben, und dass es ihnen gut geht, durch großzügige Spenden an Notleidende in aller Welt aus.

**Davids Sohn**

Jesus wird im Neuen Testament als »Davids Sohn« bezeichnet. Sowohl Maria als auch Josef waren Nachfahren des großen Königs David (ca. 960–1000 v. Chr.). Der Titel »Davids Sohn« bedeutet, dass Jesus der rechtmäßige König Israels ist. Im bekannten Adventslied »Tochter Zion« wird diese Bezeichnung in der zweiten Strophe aufgenommen: »Hosianna, Davids Sohn, sei gesegnet deinem Volk!«

### Engel

Engel spielen in der Weihnachtsgeschichte eine große Rolle. Der Engel Gabriel erscheint Zacharias und Maria, der »Engel des Herrn« erscheint dem Josef und den Hirten auf dem Feld. Eine große Schar von Engeln lobt Gott über den Hirtenfeldern. In der christlichen Kunst wurden die Engel oft verniedlicht, im Barock wurden sie zu kleinen pausbäckigen Putten. Die Ursprünge des kunstvollen Engelschnitzens liegen im Erzgebirge. In der antireligiösen Propaganda der DDR wurde der Engel zur »Jahresendflügelfigur« umgedeutet, manchmal auch »geflügelte Jahresendfigur« oder »Jahresendflügelpuppe« genannt.

### Epiphanias

Griechisch »Erscheinung«. Das Fest wird am 6. Januar gefeiert und steht in vielen Ostkirchen anstelle des 25. Dezembers als Geburtsfest von Jesus Christus. Das Wort »Erscheinung« bezieht sich auf viele Bibelstellen, die Jesus als das Licht der Welt beschreiben. Epiphanias ist der letzte der zwölf Weihnachtstage und beendet im westlichen Kirchenjahr die Weihnachtszeit. In der armenischen Kirche wird der 6. Januar als Tag der Taufe von Jesus gefeiert. In der westlichen Kirche gilt er als der Gedenktag der »Heiligen Drei Könige«. An diesem

Tag ziehen viele Kinder als »Sternsinger« verkleidet durch die Straßen und sammeln Geld für Notleidende.

**Esel**

Ein Esel gehört zu jeder Weihnachtskrippe, genauso wie ein Ochse. Zwar ist keines der beiden Tiere in der Weihnachtsgeschichte erwähnt, doch ist ihnen schon in der frühen christlichen Kunst unter Bezug auf eine Stelle im Buch des Propheten Jesaja dieser Platz in der Nähe des neugeborenen Erlösers der Welt sicher: *»Ein Ochse kennt seinen Herrn und ein Esel die Krippe seines Herrn; aber Israel kennt's nicht, und mein Volk versteht's nicht« (Jesaja 1,3).*

**Freude**

Weihnachten ist das Fest der Freude. Der Engel verkündet den Hirten: *»Siehe, ich verkündige euch große Freude …« (Lukas 2,10).* Die Weihnachtslieder sind voller Aufforderungen zur Freude: »Fröhlich soll mein Herze springen dieser Zeit, da vor Freud alle Engel singen. Hört, hört, wie in vollen Chören alle Luft laute ruft: Christus ist geboren!«

**Frieden**

»Frieden auf Erden« verkündet der Engel in der Weihnachtsgeschichte den Hirten. Das Wort bedeutet in der Bibel mehr als die bloße Abwesenheit von Krieg. Es ist der Zustand des Heils, wo alles in Ordnung ist und Wachstum, Gedeihen und Segen möglich sind.

### Gabriel

Der hebräische Name bedeutet »Macht Gottes« oder »Held Gottes« bzw. »Gott ist stark« und ist der Name des Engels, der die Geburt von Johannes dem Täufer und von Jesus ankündigt (Lukas 1,19 und 26). Dieser Engel wird auch im Buch Daniel erwähnt (Kapitel 8 und 9). Zusammen mit Michael, der im Buch Daniel (Kapitel 10 und 12), im Judasbrief (1,9) und in der Offenbarung (Kapitel 12) genannt wird, und mit Raphael, der im Buch Tobit erwähnt wird, das Teil der sogenannten biblischen Apokryphen ist, wird er traditionell als einer der »Erzengel«, das heißt »Hauptengel«, bezeichnet.

### Genealogie

In den Evangelien finden sich zwei verschiedene Genealogien (Geschlechtsregister, Ahnenreihen) von Jesus, im Matthäusevangelium (1,1–17) und im Lukasevangelium (3,23–38). Matthäus fängt bei Abraham an und geht über König David zu Jesus durch die Familie von Josef. Lukas beginnt bei Jesus und geht rückwärts – möglicherweise durch die Linie von Maria – und dann ebenfalls über König David bis hin zu Adam.

### Geschenke

Die Weisen bringen dem neugeborenen Jesus Geschenke von Gold, Weihrauch und Myrrhe (Matthäus 2,11). Sie symbolisieren nach alter christlicher Auslegung die drei Eigenschaften bzw. Aufgaben von Jesus: Das Gold zeichnet ihn als König aus, der Weihrauch deutet auf seine priesterliche Aufgabe und die Myrrhe, die auch zum Einbalsamieren verwendet wurde, weist auf seinen Tod am Kreuz.

### Gloria

Das lateinische Wort, das »Herrlichkeit, Ehre« bedeutet, erscheint in vielen Weihnachtsliedern. Der Lobgesang der Engel, die den Hirten in der Heiligen Nacht erschienen, lautet auf Lateinisch: *Gloria in excelsis Deo* – »Ehre sei Gott in der Höhe« (Lukas 2,14).

### Heiland

Die Engel verkündigen den Hirten auf dem Feld: *»Euch ist heute der Heiland geboren« (Lukas 2,11).* Das aus dem Althochdeutschen abgeleitete Wort Heiland bedeutet »der Heilende« bzw. »der Erlösende« und ist hier die Übersetzung des griechischen Wortes *sôtêr:* »Retter, Erlöser«.

### Heilige Drei Könige

Siehe Weise.

### Heilige Nacht

Die Nacht vom 24. zum 25. Dezember wird in der westlichen Christenheit als »Heilige Nacht« bezeichnet. Sie wird in vielen Liedern besungen, so im berühmten Lied »Stille Nacht, heilige Nacht«, das der österreichische Dorfpfarrer Joseph Mohr 1818 zum ersten Mal in einem Weihnachtsgottesdienst sang. Inzwischen ist es in über

300 Sprachen übersetzt und wird überall in der Welt gesungen.

**Herberge**

*»... denn sie hatten sonst keinen Raum in der Herberge« (Lukas 2,7).* Diese berühmten Wörter aus der Weihnachtsgeschichte sind häufig nicht nur im wörtlichen, sondern auch im übertragenen Sinn gebraucht worden. Jesus kam in diese Welt und fand in ihr keinen Raum. So schreibt Johannes in seinem Evangelium: *»Er kam in sein Eigentum, doch die Seinen nahmen ihn nicht auf« (Johannes 1,11).* Er fährt dann fort mit der Mut machenden Aussage: *»Wie viele ihn aber aufnahmen, denen gab er Macht, Gottes Kinder zu werden« (Johannes 1,12).* Das Motiv des »Aufnehmens« von Jesus spielt in vielen Weihnachtsliedern eine Rolle.

**Herodes**

In der Weihnachtsgeschichte spielt Herodes der Große eine Rolle als der jüdische König, zu dem die Weisen aus dem Orient kamen und der versuchte, den kleinen Jesus töten zu lassen. Er stammte aus Idumäa und herrschte von 40 v. Chr. bis zu seinem Tod 4 v. Chr. Herodes ist der Erbauer vieler großartiger Gebäude, die zum Teil noch heute stehen. Unter anderem erweiterte er den Tempel in Jerusalem zu einem Prachtbau.

### Immanuel

Der hebräische Ausdruck bedeutet »Gott ist mit uns«. Der Prophet Jesaja (7,14) kündigt die Geburt eines Kindes an, das diesen Namen trägt. Im Matthäusevangelium (1,22–23) wird berichtet, dass der Engel zu Josef im Traum sagt: *»Das ist aber alles geschehen, damit erfüllt würde, was der Herr durch den Propheten gesagt hat, der da spricht (Jesaja 7,14): ›Siehe, eine Jungfrau wird schwanger sein und einen Sohn gebären, und sie werden ihm den Namen Immanuel geben‹, das heißt übersetzt: Gott mit uns.«*

### Inkarnation

Das lateinische Wort bedeutet »Fleischwerdung«. Die Menschwerdung Gottes in Jesus Christus ist das zentrale Geheimnis, das wir zu Weihnachten feiern. Gott bleibt nicht fern, sondern kommt uns ganz nah. Er wird ein Mensch wie wir und identifiziert sich so vollständig mit uns. Viele Weihnachtslieder feiern die Inkarnation, so das Lied »Lobt Gott, ihr Christen alle gleich …«: »Er kommt aus seines Vaters Schoß und wird ein Kindlein klein, er liegt dort elend, nackt und bloß in einem Krippelein.«

### Isai

Isai ist der Vater von David und als solcher Stammvater von Jesus. Die Verheißung in Jesaja 11,1 – *»Und es wird ein Reis hervorgehen aus dem Stamm Isais und ein Zweig aus seiner Wurzel Frucht bringen. Auf ihm wird ruhen* *der Geist des Herrn, der Geist der Weisheit und des Verstandes, der Geist des Rates und der Stärke, der Geist der Erkenntnis und der Furcht des Herrn«* – wird im Neuen Testament (Römerbrief 15,12) als Voraussage auf Jesus verstanden. Eine weitere Namensform von Isai ist Jesse. Viele Weihnachtslieder nehmen Bezug auf diese Verheißung, z. B. »Es ist ein Ros (= Reis) entsprungen aus einer Wurzel zart, wie uns die Alten sungen, von Jesse kam die Art …«

**Jesse**

Siehe Isai.

**Jesus**

Jesus ist die griechische und auch lateinische Form des hebräischen Namens *Jeschua. Jeschua* bedeutet: »Der Herr ist Rettung« oder »Der Herr ist Hilfe«. Diesen Namen soll Josef nach dem Auftrag des Engels dem neugeborenen Kind geben (Matthäus 1,21 f.). Oben am Kreuz von Jesus hing eine Inschrift in den drei Sprachen Hebräisch, Griechisch und Lateinisch, die meist in lateinischer Version dargestellt wird: »*INRI – Iesus Nazarenus Rex Judaeorum* – Jesus, der Nazarener, der König der Juden« (Johannes 19,19–20).

**Jingle Bells**

Die »klingenden Glöckchen« in dem Lied, das inzwischen wohl eines der bekanntesten Weihnachtslieder ist – »Jingle Bells« –, gehören zum Schlitten von Santa

Claus, der amerikanischen Version von Nikolaus bzw. Weihnachtsmann. »Jingle Bells« ist ein Beispiel für die Umdeutung des christlichen Weihnachtsfestes in eine märchenhafte Pop-Legende, bei der die Elfen, die dem Weihnachtsmann am Nordpol dabei helfen, die Geschenke für alle Kinder herzustellen und zu verpacken, der Schlitten von Santa Claus mit den Rentieren (auch einem der Rentiere ist inzwischen ein Lied gewidmet – »Rudolph the Red-Nosed Reindeer« – »Rudolph, das rotnasige Rentier«) und der Wunsch nach einer »weißen Weihnacht« Stück für Stück die eigentliche Weihnachtsgeschichte ersetzen. Hier ist der Einfluss der Werbe- und Filmindustrie deutlich spürbar, die die »Weihnachtszeit« teilweise schon im Frühherbst beginnen lässt.

**Jul**

Name des altgermanischen Winterfestes oder auch ursprünglich der Wintermonate allgemein, wird in nordgermanischen Sprachen für Weihnachten verwendet. In englischer Sprache erscheint es als *Yule,* im Nordfriesischen als *Jül.*

**Jungfrauengeburt**

Die Bibel deutet an mehreren Stellen darauf hin, dass Jesus durch den Heiligen Geist gezeugt wurde, als Maria noch Jungfrau war. So sagt sie in Lukas 1,34, dass sie »von keinem Mann weiß«. Zu unterscheiden davon ist die in der katholischen Kirche vertretene Lehre, dass Maria auch nach der Geburt von Jesus Jungfrau blieb und mit Josef nur dem Namen nach verheiratet war. Die Jungfrauengeburt ist seit dem 2. Jahrhundert Teil der christlichen Glaubensbekenntnisse aller Kirchen. Die jungfräuliche Geburt von Jesus zeigt, dass in ihm die göttliche und menschliche Natur vereint sind und er so als wahrer Mensch und wahrer Gott die Menschheit erlösen konnte.

**Kerzen**

Die Kerzen zu Weihnachten versinnbildlichen das Licht Gottes, das in die Welt gekommen ist. Jesus sagt: *»Ich bin das Licht der Welt. Wer mir nachfolgt, wird nicht wandeln in der Finsternis, sondern wird das Licht des Lebens haben« (Johannes 8,12).*

**Knecht Ruprecht**

Knecht Ruprecht ist in manchen Gegenden der Begleiter bzw. Diener des Nikolaus. Er trägt eine Rute und droht den unartigen Kindern Strafe an. Meist muss er jedoch unverrichteter Dinge abtreten. Mancherorts trägt er auch den Sack mit den Geschenken. In Österreich und Teilen von Süddeutschland erscheint statt seiner der Krampus mit ähnlicher Funktion.

**Krampus**

Siehe Knecht Ruprecht.

### Krippe

Maria legte den neugeborenen Jesus in eine Futterkrippe (Lukas 2,7.12.16). Eine Krippe als Darstellung ist zum ersten Mal geschichtlich bezeugt beim römischen Bischof Sixtus III. um 400 n. Chr., der sie in der Kirche Santa Maria Maggiore aufbauen ließ und dort einen Mitternachtsgottesdienst feierte. Franz von Assisi wollte die Weihnachtsgeschichte für die Armen anschaulich machen und stellte im Jahr 1223 in einer Höhle nahe dem Dorf Greccio einen Esel und einen Ochsen in eine Höhle und legte eine Holzfigur dazu. Der Brauch, figürliche Weihnachtskrippen zu bauen, verbreitete sich besonders vom 19. Jahrhundert an weltweit.

### Lobgesang der Maria

Siehe Magnifikat.

### Lobgesang des Zacharias

Siehe Benedictus.

### Magnifikat

Das lateinische Wort *magnificat* bedeutet: »Es macht groß« oder »Es erhebt meine Seele den Herrn« und ist der Anfang des Lobgesangs der Maria (Lukas 1,46–55). Maria stimmt ihn an als Antwort auf die Ankündigung des Engels Gabriel, dass sie den Messias, den Sohn Davids, zur Welt bringen soll. Das Magnifikat wird bei den Tagzeitengebeten am Abend (Vesper) gebetet.

**Maria**

Maria ist die griechische Form des hebräischen Namens Mirjam. Diesen Namen trug die Schwester von Mose (2. Mose 15,20). Maria stammte wie ihr Verlobter aus der Stadt Nazareth, einer Siedlung im Bergland von Galiläa, wo viele Nachkommen von König David wohnten.

**Melchior**

In der Tradition Name eines der »Heiligen Drei Könige«. Siehe »Balthasar«.

**Messias**

Siehe Christus.

**Nazareth**

Nazareth im Bergland Galiläas ist der Heimatort von Maria und Josef. Hier wuchs Jesus auf und hier wohnte er bis zum Beginn seines öffentlichen Wirkens.

**Nikolaus**

Die Gestalt des Nikolaus spielt in der Advents- und Weihnachtszeit in vielen Ländern eine große Rolle. In Holland als Sinter Klaas bekannt, im englischsprachigen Raum als Santa Claus und in anderen Gebieten als Weihnachtsmann, geht er auf die historische Gestalt des kleinasiatischen Bischofs Nikolaus von Myra zurück (Ende des 3. Jahrhunderts bis 6. Dezember 326, 345 oder 351). Ihm werden viele Wundertaten nachgesagt. Vor allem soll er sich der Armen und Bedürftigen angenommen und sein großes Vermögen unter ihnen verteilt haben. In Holland bekommen die Kinder Geschenke am 6. Dezember statt zu Weihnachten. In Deutschland bringt der Nikolaus den Kindern, die lieb gewesen sind, kleinere Geschenke. Mancherorts verteilt er sie direkt, anderswo steckt er sie heimlich in Schuhe oder Stiefel, die vor die Tür gestellt werden. In der populären Weihnachtskultur, vor allem in den USA, aber auch in Nordeuropa, hat er einen Schlitten mit Rentieren, fliegt über die Häuser und wirft seine Geschenke in die Schornsteine.

**Ochse**

Der Ochse darf in Darstellungen der Geburt von Jesus nicht fehlen. Wie der Esel ist er seit vielen Jahrhunderten Teil des Krippenbildes. Siehe Esel.

**Orient**

Aus dem Orient kamen die Weisen, die den neugeborenen König der Juden suchten. Orient – das Land der aufgehenden Sonne – war von Israel aus gesehen vor allem das Zweistromland zwischen Euphrat und Tigris.

**Plum Pudding**

Auch »Christmas Pudding« genannt, ist eine besondere englische Weihnachtsspeise. Er wird aus getrockneten Früchten, Nüssen, Zucker und Fett hergestellt und enthält meist viel Brandy oder anderen Alkohol, jedoch, entgegen seinem Namen, keine Pflaumen.

### Quellen

Die Quellen für die Weihnachtsgeschichte sind die Evangelien Matthäus und Lukas im Neuen Testament. Voraussagen auf die Geburt des Messias finden sich schon bei alttestamentlichen Propheten. Viele dieser Weissagungen erfüllten sich bei Jesus wortwörtlich, so seine Geburt von einer Jungfrau (Jesaja 7,14), der Geburtsort Bethlehem (Micha 5,1), die Erscheinung eines Sterns (4. Mose 24,17) und viele andere Einzelheiten.

### Retter

»Christ, der Retter ist da!« – so lautet die Weihnachtsbotschaft in dem bekannten Lied »Stille Nacht, heilige Nacht«. »Retter« oder »Heiland« sind Titel von Jesus, die deutlich machen sollen, worum es bei Weihnachten geht: Gott nimmt sich der Menschen an und erlöst sie aus Sünde, Schuld und Tod.

Siehe auch Heiland.

### Stern von Bethlehem

Der Stern, den die Weisen im Orient sahen, ist auf verschiedene Weise erklärt worden: als Komet mit Lichtschweif, als Supernova oder als Konjunktion von Saturn und Jupiter. Auf jeden Fall zeigte der Stern den Weisen den Weg nach Bethlehem. Als Schmuck im Weihnachtsbaum oder im Fenster sind Weihnachtssterne aus Stroh, Holz, Metall oder Glas beliebt.

### Tannenbaum

Der Tannenbaum – auch als Christbaum oder Weihnachtsbaum bezeichnet – wird zur Weihnachtszeit in Kirchen und Wohnungen sowie auf öffentlichen Plätzen aufgestellt und mit Süßigkeiten, Kerzen, Glaskugeln, Lametta, Engeln oder anderen Figuren geschmückt. Dieser Weihnachtsbrauch verbreitete sich im 19. Jahrhundert von Deutschland aus über die ganze Welt.

### Tiroler Weihnachtsbräuche

Vor allem in Tirol findet sich der Brauch in der Adventszeit, dass an bestimmten Abenden, die Klöpfelsnächte oder Klöckelsnächte genannt werden, Leute von Haus zu Haus gehen und mit Hämmern oder ähnlichem Werkzeug an Fenster und Türen klopfen und um Einlass und Gaben bitten. Dieser Brauch erinnert an die vergebliche Herbergssuche von Maria und Josef und ermöglichte früher vor allem ärmeren Leuten, nahrhafte Lebensmittel zu erhalten.

### Ulmer Weihnachtsmarkt

Vor dem Ulmer Münster, direkt vor dem höchsten Kirchturm der Erde, findet alljährlich einer der größten Weihnachtsmärkte Deutschlands statt. Tägliche Konzerte mit Weihnachtsliedern erinnern daran, dass Weihnachten mehr ist als Konsum.

**Vatikan**

Im Vatikan, dem katholischen Kirchenstaat, gehört das Weihnachtsfest zu den intensivsten Arbeitstagen des Jahres. Neben mehreren Messen wendet sich der Papst in über 60 Sprachen an Menschen in aller Welt und wünscht ihnen »fröhliche Weihnachten«.

**Verheißung**

Das alte Wort »Verheißung« bedeutet Voraussagen in den Schriften des Alten Testaments, die sich im Neuen Testament im Leben von Jesus erfüllt haben. Gerade in der Weihnachtsgeschichte erfüllen sich viele solcher Verheißungen.

**Weihnachten**

Das Wort »Weihnacht« ist zum ersten Mal 1170 belegt: »Die Gnade (Gottes) kam zu uns in dieser Nacht: deshalb heißt diese nunmehr Weihnacht.« Der Ursprung des Wortes ist unklar, vielleicht hängt es mit einer alten germanischen Wurzel *wîk* (»weichen«) zusammen, die dann auch »absondern« bedeutet: Daher die »besondere«, also heilige Nacht. Martin Luther dachte an das Wort »wiegen« und bildete »Wygenachten«, »da wir das Kindlein wiegen«. Theodor Storm bildete aus dem Substantiv »Weihnachten« dann das Verb »weihnachten« in seinem Gedicht vom Knecht Ruprecht: »Von drauß' vom Walde komm ich her, ich muss euch sagen, es weihnachtet sehr!«

**Weihnachtsbaum**
Siehe Tannenbaum.

**Weihnachtlieder**
Viele ältere Weihnachtslieder haben einen lateinischen Ursprung, so das Lied *Adeste fideles* – »Herbei, o ihr Gläubigen«. Der deutsche Bestand an Weihnachtsliedern wurde durch Martin Luther wesentlich bereichert. Von ihm stammen: »Gelobet seist du Jesus Christ« (Text), »Vom Himmel hoch, da komm ich her« (Text und Melodie) und »Vom Himmel kam der Engel Schar« (Text und Melodie). Das bekannteste Weihnachtslied ist sicher »Stille Nacht, heilige Nacht«. Ebenfalls weltweit bekannt ist das Lied »O du fröhliche«. Im englischsprachigen Raum sind »Jingle Bells« und »We wish you a merry Christmas« besonders verbreitet.

**Weihnachtsmusik**
Speziell weihnachtliche Musik hat ihren Ursprung in der musikalischen Gestaltung der drei Festmessen (besondere Hymnen und Responsorien sind bereits seit frühchristlicher Zeit bekannt) sowie dem Gloria der Engel bei den Hirten auf dem Felde, von dem das Lukasevangelium in Kapitel 2 Vers 14 berichtet. In der Kirchenmusik entstanden zahlreiche weihnachtliche Werke, wie z. B. das Weihnachtsoratorium von Johann Sebastian Bach oder die auf Weihnachten bezogenen Teile des Messias von Händel.

Der überlieferte Bestand an Weihnachtsliedern wurde immer weiter aus seinem Platz im kirchlichen und familiären Raum ausgebreitet und ist heute im Radio, bei Straßenmusikanten und in Kaufhäusern zu hören.

Neue, der Popmusik zuzurechnende Weihnachtslieder befassen sich textlich in den meisten Fällen nicht mit dem Kern der christlichen Weihnachtsbotschaft, sondern beschränken sich auf andere Aspekte wie z. B. das Besingen der Weihnachtsvorfreude. Viele klammern das spezifisch Christliche bewusst zugunsten einer weltanschaulichen Unbestimmtheit aus. Häufig sind es nur noch reine Winterlieder, in denen lediglich Klangeffekte zum Einsatz kommen, die gemeinhin mit der Weihnachtszeit verbunden sind (Schlittenglöckchen, Chöre, Orgeln etc.). Diese Tendenz der inhaltlichen Abkehr von den Wurzeln ist schon bei Liedern des 19. Jahrhunderts zu beobachten, wie z. B. bei »Lasst uns froh und munter sein« oder »Kling, Glöckchen«.

**Weise**

Die Weisen aus dem Morgenland werden im Matthäusevangelium erwähnt. Sie waren Sterndeuter, die den neugeborenen König der Juden finden wollten. Dass sie häufig als »Heilige Drei Könige« bezeichnet werden, ist eine spätere Entwicklung der Kirchengeschichte. Wahrscheinlich ist die Dreizahl aufgrund der drei Geschenke »Gold, Weihrauch und Myrrhe« entstanden.

**Wunder**

Das Wunder der Weihnacht liegt nicht in einer romantischen Stimmung oder einem versöhnten Familienfest, sondern in der ungeheuren Herablassung Gottes in die begrenzte Wirklichkeit von Raum und Zeit. Dass der ewige Gott sich in einem neugeborenen Kind offenbart, ist das eigentliche Wunder von Weihnachten.

**X-Mas**

Die Buchstaben »X-Mas« sind eine populär gewordene Abkürzung von *Christmas,* dem englischen Wort für Weihnachten. Manche sehen darin einen weiteren Hinweis auf die Abkoppelung dieses Festes von seinem christlichen Ursprung. Andere weisen darauf hin, dass der griechische Anfangsbuchstabe von *Christos,* das »Chi« (geschrieben »X«), schon seit frühchristlicher Zeit eine Abkürzung für »Christus« war.

**Ysop**

Die in der Bibel mehrfach vorkommende Pflanze Ysop wird auch als Josefskraut bezeichnet. Dieser Name hat aber nichts mit dem Mann der Maria zu tun, sondern ist einfach eine lautmalerische Anpassung des Wortes Ysop an das Deutsche: Ysop ist damit gleich »Josef«.

**Zwölf Nächte**

Die Nächte vom 24./25. Dezember bis zum 6. Januar (Epiphanias) werden auch die »Zwölf Nächte von Weihnachten« genannt. In vielen Ländern gilt dieser Zeitraum als die eigentliche Weihnachtszeit.

# 4

# Weihnachten ist ein Geschenk

# Wie Weihnachten unser Leben verändern kann

Weihnachten – was wäre unser Jahreskreis ohne dieses Fest? Doch die Frage bleibt: Was ist der eigentliche Inhalt von Weihnachten?

Ist es ein Fest der Familie? Oder das Fest der Liebe? Ist es das Fest der Geschenke? Oder das Fest der Lichter?

# Weihnachten ist mehr

Weihnachten ist von all dem etwas. Weihnachten ist all das und noch viel mehr.

**Weihnachten ist das Fest der Familie.**
Denn Gott nimmt uns auch in seine Familie auf.

**Weihnachten ist das Fest der Liebe.**
Denn die Liebe Gottes offenbart sich im Kind in der Krippe, das schließlich zum Mann am Kreuz wird.

**Weihnachten ist das Fest der Geschenke.**
Darauf weisen die Geschenke der Weisen hin. Und das größte Geschenk bringt das Geburtstagskind selbst: die Versöhnung mit Gott.

**Weihnachten ist das Fest der Lichter.**
Der strahlende Lichtglanz am Himmel in der Heiligen Nacht zeigt: Die Dunkelheit der Welt wird nicht das letzte Wort haben können. Denn Gott hat Jesus gesandt, das Licht der Welt.

## Jesus – das Licht der Welt

Die kürzeste Fassung der Weihnachtsgeschichte findet sich am Anfang des Johannesevangeliums. Dort beschreibt Johannes das Kommen von Jesus als das Kommen des Lichtes in diese Welt:

» *Das Licht scheint in der Dunkelheit, und die Dunkelheit konnte es nicht auslöschen.*

*Gott sandte Johannes den Täufer, um allen Menschen von dem Licht zu erzählen, damit durch ihn alle daran glauben. Johannes selbst war nicht das Licht; er war nur ein Zeuge für das Licht. Der, der das wahre Licht ist, das alle Menschen erleuchtet, sollte erst noch in die Welt kommen.*

*Doch obwohl die Welt durch ihn geschaffen wurde, erkannte die Welt ihn nicht, als er kam. Er kam in die Welt, die ihm gehört, und sein eigenes Volk nahm ihn nicht auf. All denen aber, die ihn aufnahmen und an seinen Namen glaubten, gab er das Recht, Gottes Kinder zu werden. Sie wurden dies weder durch ihre Abstammung noch durch menschliches Bemühen oder Absicht, sondern dieses neue Leben kommt von Gott.*

*Er, der das Wort ist, wurde Mensch und lebte unter uns. Er war voll Gnade und Wahrheit und wir wurden Zeugen seiner Herrlichkeit, der Herrlichkeit, die der Vater ihm, seinem einzigen Sohn, gegeben hat.* «

*(Johannes 1,5–14, Neues Leben Bibel)*

Das ist der wahre Kern von Weihnachten: Das Licht Gottes kommt in unsere Wirklichkeit hinein. Alle Dunkelheit muss weichen, wo es hereingelassen wird. Die Menschen, die dieses Licht aufnehmen, die also, die Jesus Christus aufnehmen, werden zu Kindern Gottes. Sie werden zu Kindern des Lichts.

## Weihnachten ist ein Geschenk

Weihnachten ist ein Geschenk. Ein Geschenk muss angenommen und ausgepackt werden.

So ist es auch mit Weihnachten. Das größte Geschenk ist Jesus Christus selbst. Wer ihn aufnimmt, der hat das neue Leben. Das ewige Leben, das unzerstörbar ist.

Deshalb ist die Botschaft von Weihnachten so großartig und so wichtig. Denn hier ist das Ende jeder Sentimentalität und jeder selbst gemachten Religion.

Weihnachten sagt uns: Gott ist uns ganz nahegekommen. Im Kind in der Krippe und im Mann am Kreuz. Gott kommt in Jesus in diese Welt, in unser Leben hinein.

Jetzt bleibt uns nur noch eins: ihn aufzunehmen. Das ist die angemessene Antwort auf Weihnachten.

Und dann geht die Reise erst richtig los. Denn jetzt heißt es, immer mehr zu entdecken, wer das Kind in der Krippe, wer Jesus ist. Und diese Entdeckungsreise wird unser Leben erneuern.

## Wie war das noch einmal?

» *Da sprachen die Hirten untereinander: Lasst uns nun gehen nach Bethlehem und die Geschichte sehen, die da geschehen ist, die uns der Herr kundgetan hat. Und sie kamen eilend und fanden beide, Maria und Josef, dazu das Kind in der Krippe liegen.* «
*(Lukas 2,15–17)*

Wir können uns mit den Menschen der Weihnachtsgeschichte auf den Weg machen – auf den Weg zum Kind in der Krippe.

Diese Reise zu Jesus beschreibt ein Weihnachtslied aus dem 19. Jahrhundert:

*»Mit den Hirten will ich gehen,
Meinen Heiland zu besehen,
Meinen lieben heilgen Christ,
Der für mich geboren ist.*

*Mit den Engeln will ich singen,
Gott zu Ehre soll es klingen
Von dem Frieden, den er gibt
Jedem Herzen, das ihn liebt.*

*Mit den Weisen will ich geben,
Was ich Höchstes hab im Leben,
Geb zu seligem Gewinn
Ihm das Leben selber hin.*

*Mit Maria will ich sinnen
Ganz verschwiegen und tief innen
Über dem Geheimnis zart:
Gott im Fleisch geoffenbart.*

*Mit dir selber, mein Befreier,
Will ich halten Weihnachtsfeier;
Komm, ach komm ins Herz hinein,
Lass es deine Krippe sein!«*

Emil Quandt (1835–1911)

Alle Jahre wieder lädt uns das Weihnachtsfest ein, uns auf den Weg zu machen.

Ich wünsche Ihnen, dass Sie den Mut haben, diesen Weg zu gehen, bis Sie dort ankommen, wohin Weihnachten uns führen will: den Ort, wo sich Himmel und Erde berühren. Weihnachten kann unser Leben verändern. Und zwar dann, wenn wir das große Geschenk annehmen, das uns an diesem größten Fest gemacht wird. Das Geschenk, das einen Namen trägt: Jesus Christus.

Dann wird es Ihnen gehen wie den Weisen damals, als sie am Ziel angekommen waren:

» *Als sie den Stern sahen, wurden sie hoch erfreut und gingen in das Haus und fanden das Kindlein mit Maria, seiner Mutter, und fielen nieder und beteten es an.* «
*(Matthäus 2,10–11)*

# Weitere Bücher von Roland Werner

Werner, Roland: **Du weißt, dass ich dich lieb habe. Begegnungen mit Jesus im Heiligen Land.**
Francke 2007

Werner, Roland: **Jesus Christus – Sieben Gründe, warum ich ihm folge.**
3. Auflage, Neufeld 2011

Werner, Roland: **Zehn gute Gründe, Christ zu sein.**
8. Auflage, Aussaat 2004

Werner, Roland: **Das Buch NT.**
3. Auflage, SCM R.Brockhaus 2009

Werner, Roland: **das wort. das buch. das leben.**
SCM R.Brockhaus 2011

Roland Werner
**Das Buch NT**
**Standardausgabe**
Neues Testament

Gebunden, 14 x 21 cm, 644 S.
Nr. 226.106
ISBN 978-3-417-26106-6

Roland Werner kennt die Sprache der Bibel wie auch die Sprache der Menschen von heute. Seine neue Übersetzung weiß sich dem Grundtext der Bibel verpflichtet, verzichtet aber auf viele »fromme« Begriffe, um einen einfachen Zugang zum Wort Gottes zu ermöglichen.

»Das Buch« ist auch in weiteren Ausführungen erhältlich.

*Bitte fragen Sie in Ihrer Buchhandlung nach diesem Buch!*
*Oder schreiben Sie an: SCM Hänssler, D-71087 Holzgerlingen;*
*E-Mail: info@scm-haenssler.de; Internet: www.scm-haenssler.de*